# Biografie

Hartmut Schulz, geboren in Köln, aufgewachsen in New Jersey, Mumbai und Rio de Janeiro. Lebt seit 2018 in Wien. Begann während der Pandemie 2020 historische Miniaturen zur Stadtgeschichte seiner Wahlheimat in den sozialen Medien zu veröffentlichen, von denen die ersten vierundzwanzig nun in diesem Band zusammengefasst und in Buchform veröffentlicht werden.

für

Jessy
ohne die das alles nicht möglich gewesen wäre

Philippe und Ela
die mich immer wieder ermutigt haben

Catrin
für ein offenes Auge


Wien, 24.12.2023

Hartmut Schulz

# Geschichten von der großen Stadt Wien

## Band 1: Von den Anfängen bis zu Prinz Eugen

© 2024 Verlagsmarke Jesch
Umschlag, Illustration: Jessy Schmidt
Lektorat, Korrektorat: Jessy Schmidt

Druck und Distribution im Auftrag des Autors Hartmut Schulz, tredition GmbH, Heinz-Beusen-Stieg 5, 22926 Ahrensburg Deutschland

ISBN
Paperback       ISBN 978-3-384-09275-5
e-Book          ISBN 978-3-384-09276-2

# Inhaltsverzeichnis

# Vorbemerkung

Die "Geschichten von der großen Stadt Wien" erzählen von der Entstehung und Entwicklung einer der schönsten Städte Europas. Einer Stadt, in der zu leben ich das Glück habe.

Geschrieben habe ich die ersten Texte während der "Corona-Zeit" im Frühjahr 2020 für eine Facebook-Reihe. Dies erklärt sowohl die Kürze der einzelnen Abschnitte als auch den belletristischen Ansatz. Es sollte ja keine wissenschaftliche Publikation zur Stadthistorie werden. Vielmehr ging es darum, in Anekdoten, Skizzen und Momentaufnahmen von den Menschen dieser Stadt zu erzählen, „Geschichte in Geschichten", wenn man so will.

Dabei bemühe ich mich durchaus um geschichtliche Genauigkeit, auch wenn Personen und konkrete Handlungen teilweise erfunden sind. Hinter jeder Episode steht extensive Recherchearbeit. Nichtsdestotrotz klingt immer wieder die Wiener Volkssage durch – das „Es war einmal", wo das „So war es" nicht dokumentiert ist. Denn, wo die Geschichtswissenschaft schweigt, sollte man nicht auch noch der Fantasie die Flügel stutzen. Für den Fall, dass mir grobe historische Fehler unterlaufen sind, zögern Sie nicht, mich eines Besseren zu belehren.

Jetzt aber wünsche ich Ihnen viel Spaß, wenn Sie mir auf dem Weg von der Römerzeit bis zur Geburt Maria Theresias folgen!

# Die Frühzeit

*Über die Gründung Wiens, respektive die der römischen Vorgängerstadt Vindobona, gibt es wenige gesicherte Erkenntnisse. Das Militärlager lag im Bereich Graben / Kärtner- bzw. Rotenturmstraße, Donaukanal und Tiefer Graben. Weder das genaue Gründungsdatum noch die Herkunft des Namens sind restlos geklärt.*

## 1.  Vindobona (um das Jahr 90)

Die letzte Vigil dieser eiskalten Nacht Anfang März ist gerade erst angebrochen, die Sonne, zu dieser Jahreszeit hier, weit im Norden des Imperiums, ohnehin schwach und ohne Wärme, wird noch lange nicht aufgehen. Zudem peitscht aus der Pannonischen Tiefebene der Notos, „sein schreckliches Angesicht von pechschwarzem Dunkel verhüllt, regenschwer sein Bart und Wasser trieft aus seinem weißen Haar" wie Ovid von ihm sagt, anhaltend Feuchte und Wolkenfetzen die Donau hinauf. Bei dieser Wetterlage bieten die nahen Hügel keinen Schutz, ganz im Gegenteil: Ihre Wälder rauschen unheimlich im strömenden Regen und durch die Dickichte streichen Wolfsrudel und Bären auf der nächtlichen Jagd nach Beute.

Trotzdem herrscht lebhaftes Treiben am Steilhang zum Fluss. Soldaten der Legio XIII Gemina sind schon am Vorabend eingetroffen und haben sich über Nacht in ihren Zelten so gut es geht vor den Wassermassen in Sicherheit gebracht. Nun aber stehen sie, halb verschlafen, frierend und bis auf die Haut durchnässt, der Macht der Gewohnheit und des Drills gehorchend gleichwohl diszipliniert, in Reih und Glied, rund um den improvisierten Altar, auf dem ein schwaches Feuer gegen das Wetter kämpft. Diesen so abgelegenen Ort, diesen letzten Versuch einer Ordnung gegen das Chaos des Barbaricums, das immer wieder seine dunklen Horden über die Donau speit, haben die Militärstrategen in Carnuntum bestimmt, das Datum und die nächtliche Uhrzeit der Augur im fernen Rom, der sicher keine Vorstellung davon hat, wie ungemütlich es hier am nördlichen Limes um diese Jahreszeit sein kann.

Bis zum Sonnenaufgang, so es denn an diesem wolkenverhangenen Tag einen geben sollte, muss die Zeremonie beendet sein, dies seine Weisung – nur dann stünden die Zeichen günstig für das neue Legionslager, das hier entstehen soll. Gut Wahrsagen hat der Mann, er ist ja hier und jetzt nicht dabei.

Aber immerhin: Der Legionspriester ist da, trotz seines fortgeschrittenen Alters. Die weiße Toga klebt ihm, vom Regen bis auf die letzte Faser durchnässt, am Körper, und er zittert sichtlich im kalten Nachtwind. Neben ihm der Praefectus Castrorum, der Lagerleiter, der in den nächsten Monaten den Bau der Palisaden, Unterkünfte und Verwaltungsgebäude wird verantworten müssen. Einer der höchsten Beamten der Legion, der eher die Annehmlichkeiten seiner Villa denn eine solche Nacht gewohnt ist. Aber er harrt unerschütterlich bei seinen Untergebenen aus, repräsentiert er hier doch die Macht des Imperiums.

Am Rand des Geschehens, kaum noch vom Schein der Flamme erreicht, haben sich einige zivile Zuschauer eingefunden.

Einer von ihnen hat gleich mehrfachen Grund, der Zeremonie nur missmutig zu folgen: Der keltische Grundbesitzer, dessen Gehöft zwar dem neuen Lager den Namen geben wird – Vindobona, Gut des Vindo – dem man aber das benötigte Land schlechterdings weggenommen hat. Und seine Position als Häuptling des Oppidums auf dem Leopoldsberg (der freilich noch nicht so heißt, auf ihren Schutzheiligen wird die junge

Stadt von heute an fast ein Jahrtausend zu warten haben) ist ebenso dahin – die Römer haben die Siedlung geschleift, sie dulden keine keltischen Verhaue in so bedrohlicher Lage oberhalb der neuen Ansiedlung.

Dass man ihm zudem seine beste Kuh und seinen stattlichsten Stier um einen Hungerlohn abgekauft hat, hebt seine Stimmung auch nicht. Die beiden Tiere, der Stolz seiner kleinen Herde, werden als Zugtiere bei der Zeremonie zum Einsatz kommen, ehe sie auf dem Altar des Kaisers sinnlos ausbluten.

Jedoch - was hilft all die Bitterkeit? Sich auflehnen, aufbegehren, sich widersetzen gar, das kann, das will er nicht. Zu mächtig ist selbst hier, im entlegensten Winkel des Imperiums, das große Rom. Außerdem: Er profitiert vom Handel, der, seitdem die Legionen die Grenze zum nahen Barbaricum sichern, endlich wieder floriert. Und so grantelt der gute Vindo zwar unhörbar in die Nacht hinein, hat sich aber insgeheim schon abgefunden mit dem, was jetzt anhebt.

Dröhnend schlagen die Legionäre die Schwerter gegen ihre Schilde. Die verängstigten Tiere werden von kräftigen Männern ins Joch gezwungen, vor einen Pflug gespannt, hinter dem der Priester bereits wartet. Mit aller Kraft drückt er die Pflugschar in den nassen Löss und beginnt, unter Gebeten und Segensformeln eine Furche entlang der markierten äußeren Umgrenzung des zukünftigen Lagers zu ziehen. Nur an den Stellen, an denen die mächtigen Tore bald schon Durchgang und Schutz gewähren sollen, hebt er das schwere Gerät aus dem Boden, um es dann wenige Fuß weiter wieder tief ins Erdreich zu treiben.

Stunden dauert sein Weg, aber als endlich die ersten Son-
nenstrahlen hinter der Regenwand aufblitzen, ist es geschafft:
Wien ist gegründet.

Ab dem Jahr 178 führte das Römische Reich unter seinem „Philosophenkaiser" Mark Aurel Krieg gegen die Markomannen, einen elbgermanischen Stamm auf dem Gebiet des heutigen Tschechiens. Erschwert wurde der Feldzug durch einen massiven Seuchen-Ausbruch, die sogenannte „Antoninische Pest", der das gesamte Reich nachhaltig in Mitleidenschaft zog. Der Kaiser ergriff weitreichende Gegenmaßnahmen, unter anderem die strenge Isolation aller Betroffenen, die aber nur wenig Erfolg zeitigten.


Ob der Imperator sich auch selbst ansteckte, ist nicht eindeutig zu belegen, ebenso wenig, ob der Ort seines Todes wirklich Vindobona oder doch das Militärlager Bononia bei Sirmium (Sremska Mitrovica in Serbien) war. Dass er dem Ende mit stoischer Gelassenheit entgegenblickte, gilt hingegen als gesichert.

## 2. **Tod eines Kaisers** (17.03.180)

Die Nacht ist angebrochen, und nur die zwei kleinen Talglampen sorgen für etwas Licht.

Immerhin: Sie brennen ruhig und gleichmäßig, das stürmische Wetter der letzten Tage ist vorbei. Der andauernde eisige Luftzug, der die ganze Zeit durch die Fensterritzen in diesen abgelegenen Raum pfiff, hat endlich aufgehört. Sehr zur Freude des Kranken, der hier einsam auf einem Feldbett liegend an die Decke starrt. Er hasst die Kälte. Er hat sie sein Leben lang gehasst.

In dieser kleinen Kammer, eigentlich ein Lagerraum im Kommandeursgebäude von Vindobona, dämmert der Herr der römischen Welt, der Kaiser, der Germanenbezwinger, der Sarmatenbezwinger, der große Feldherr Marcus Aurelius Antoninus Augustus seinem Ende entgegen. Ein unwürdiger Ort für einen wie ihn, der es gewohnt ist, in der Verehrung seiner Legionen und der Bevölkerung Roms zu glänzen, immer umgeben zu sein von einem Stab von Offizieren, von Höflingen oder Philosophen.

Sterben wird er allein. Hier, in Vindobona, diesem kleinen Außenposten am nördlichen, am feindlichen Ende des Imperiums.

Es ist ein würdeloser Tod, ein weggeschlichener, wie ein verendender Hund, ein zusammengekrümmter, in einer unbeachteten Ecke. Und doch: Alles dies geschieht auf seinen eignen Wunsch.

Er selbst hatte diesen Raum ausgesucht, als er vor sechs Tagen die ersten Anzeichen der Krankheit an sich entdeckt hatte, den schwärzlichen, schwärigen Ausschlag, die kleinen, immer fort juckenden Pusteln. Er selbst hatte alle fortgeschickt, alle. Alle, auch die Sklaven.

Er hatte sofort gewusst, woran er war. Es hatte ihn nicht einmal überrascht: Hunderte in der Legion, Tausende im Heer, Hunderttausende in der Bevölkerung waren an der ägyptischen Seuche erkrankt, die meisten innerhalb weniger Tage daran gestorben. Ein Drama, eines Vergil, eines Homer würdig: Rom blutete sich zu Tode.

Er hatte versucht, es aufzuhalten, zumindest in der Armee, mit der er im Norden unterwegs war, als die Krankheit bei den Soldaten ausbrach. Ungewöhnlich weit, gegen alle militärische Notwendigkeit, hatte er das Heer auseinandergezogen. Auf dem Marsch, aber auch im Quartier. Wo die Räumlichkeiten es zuließen, lebten jetzt nur noch zwei Legionäre in den Stuben, in denen sich sonst sechs drängten. Für die Kranken gab es Quarantänestationen. Übergroße Kornspeicher sicherten die Ernährung auf Monate hinaus.

Im Noricum wurde auf sein Geheiß die Praetentura Italiae et Alpium eingerichtet, eine Schutzzone, die jeder passieren musste, der zurück über die Alpen nach Italien wollte. Wer Anzeichen der Krankheit zeigte, dem wurde der weitere Weg verwehrt, der starb, ohne die Heimat wiederzusehen.

Dies wird nun auch sein Schicksal sein..

Marcus Aurelius weiß, dass diese Nacht seine letzte sein wird, dass mit dem Verlöschen der beiden kleinen Lampen die ewige Dunkelheit auf ihn wartet. Ein Schluck noch aus dem Fläschchen mit dem Opium, dann zieht er sich die Decke über den Kopf und wendet sich zur Wand.

Am nächsten Morgen wird das Reich einen neuen Kaiser haben.

*In der Mitte des 5. Jahrhunderts gab Rom die nördlichen Provinzen des Reiches auf. Für das Militärlager Vindobona bedeutete dies das Aus. Eine zivile Siedlung im Bereich der heutigen Ruprechtskirche scheint indes fortbestanden zu haben.*

*Von Siedlungskontinuität kann allerdings nicht die Rede sein. Während der Völkerwanderung – der Epoche zwischen dem Einfall der Hunnen im Jahr 375 und der Eroberung Italiens durch die Langobarden gut zweihundert Jahre später – lassen sich verschiedene Volksgruppen im Wiener Raum nachweisen.*

*Das verlassene Römerlager wurde vielfältig genutzt: als Steinbruch, als provisorisches Lager für durchziehende Heerhaufen und als Grabstätte. Wenige Funde belegen die Zeit, schriftliche Quellen zum Geschick der Siedlung fehlen zur Gänze. Es sind Wiens dunkle Jahrhunderte.*

## 3.   **Menia** ( im 6. Jhd.)

Mutter und Tochter, die einige Zeit auf dem kleinen Hügel am Rande der Siedlung kampiert haben, packen ihre Siebensachen. Der Vater hat Nachricht geschickt, dass der Weg nach Süden auf der nächsten Etappe sicher ist. Keine räuberischen Horden, keine feindseligen Dörfler, die sich die Fremden vom Leibe halten wollen. Im Gegenteil, er hat sogar hier und da Arbeit gefunden. Und der Schnee auf den Bergen, die einige Tagesreisen weit gegen Mittag liegen, beginnt in der ersten Frühjahrssonne zu schmelzen. Mit etwas Glück können sie in den kommenden Monaten hinüber über die Alpen und hinunter in das Land, in dem Milch und Honig fließen, in dem es immer warm ist, in dem es immer zu essen gibt und wo man einschlafen kann, ohne fürchten zu müssen, dass jemand einem des Nachts das Dach über dem Kopf anzündet.

Menia hat viel von diesem Italien gehört, aber ganz sicher, dass es solch ein irdisches Paradies tatsächlich gibt, ist sie sich nicht. Zu lange schon reden die Eltern davon. Seitdem sie denken kann, ist die kleine Familie dorthin unterwegs: Ein paar Monate sind sie hier, ein paar Wochen dort, immer auf dem Sprung. Weiter, weiter… Aber das Ziel scheint unerreichbar.

Ihr Vater ist Schmied, da geht solch ein Leben auf der Wanderschaft immerhin, er findet überall eine Arbeit. In den letzten Wochen hat er für die Bauern der Umgebung Geräte ausgebessert, Messer geschliffen und verrostende Torangeln ausgetauscht. Alles gutes, altes Zeug, das sie hier hoch in Ehren halten. Noch aus der Zeit, als dort, wo jetzt kleine Felder einander abwechseln, eine richtige Stadt und eine Garnison lagen. Aber alles inzwischen auch so alt, dass das Eisen unter dem Rost kaum mehr herauszuschaben ist.

Arme Leute sind das, ist die Handvoll, die Vindobona noch beherbergt. Die es noch ernähren kann.

Niemand kann sagen, ob die Siedlung eine Zukunft hat. Darum hat Menias Vater beschlossen, dass sie zügig weiterziehen wollen und ist vor einer Woche vorausgereist, um den Weg zu erkunden. Seine hochschwangere Frau und die Tochter hat er hier, im vergleichsweise sicheren Hinterland, zurückgelassen. Und heute dann die Nachricht: Ihr könnt nachkommen.

Das Mädchen betrachtet das kleine hölzerne Pferd, mit dem sie so gerne spielt, und das jetzt obenauf in ihrem Reisekorb liegt. Sie ist zwölf Jahre alt, fast erwachsen also. Vermutlich wird sie bald schon heiraten, der Vater hat es angedeutet. Zärtlich nimmt sie das Spielzeug hoch. „Ich bringe es hinüber ins verlassene Lager und lege es auf das Grab. Er kann es haben, ich brauche es nicht mehr."

Sie denkt an den kleinen Körper, den ihre Mutter gestern in einem der leeren Räume der verfallenden Kaserne unten am Fluss abgelegt hat. Der Bruder war nur einen Tag alt, ehe ihn Gott wieder weggenommen hat, sie hat ihn nur ganz kurz zu Gesicht bekommen. Mutter hat das schwächliche kleine Ding, das sie da geboren hatte, sofort verstoßen: „Zu schwach, der kommt nicht durch. Ist die Mühe nicht wert." hat sie gesagt, und dem wimmernden Bündel ihre Milch verweigert. Am Abend waren die klagenden Laute dann immer leiser geworden und irgendwann während der Nacht waren sie schließlich ganz verstummt.

Warum sie dem ungekannten Bruder noch ein letztes Lebewohl sagen, noch ein kleines Geschenk bringen will – Menia weiß es nicht. Leben oder Tod, eigentlich berührt sie das kaum. Die Zeiten sind nicht danach, sich an jemanden zu binden. Und so überrascht es sie doch, als plötzlich diese Wehmut da ist, und eine neue Sorge, tief in ihrem Inneren. „Nicht mehr lang hin, und ich bin vielleicht auch schon eine Mutter." schießt es ihr durch den Kopf. „Und ein kleines Bündel wie das, das wir hier in der Geisterstadt zurücklassen, wird dann das meine sein."

Sie schluckt und reißt sich zusammen: „Ich gehe noch einmal zum Fluss, Aiti" ruft sie und ist schon auf dem Weg die Böschung hinunter.

Nur kurz schaut die Mutter ihrer Tochter hinterher, ehe sie weiter zusammenpackt: „Gut, aber beeil dich, wir wollen heute noch los. Wir müssen noch weit."

Mit den Awarenkriegen Karls des Großen tritt der Wiener Raum aus dem Zwielicht der dunklen Jahre und wird historisch wieder fassbar.

Das Reitervolk der Awaren hatte sich zum Ende der Völkerwanderungszeit als Vormacht in der Pannonischen Tiefebene etabliert. Allerdings bildeten sie nur eine relativ schmale, umso autoritärer auftretende Oberschicht, der Großteil der Bevölkerung der von ihnen beherrschten Gebiete waren Slawen. So auch in Wien: Die Namen der Stadtteile Währing, Liesing, Döbling und Lainz können aus dem Slawischen hergeleitet werden.

Unter dem Druck des expandierenden karolingischen Reiches begann die Macht der Awaren im letzten Viertel des 8. Jh. zu erodieren. In den Jahren nach 800 drängten die Franken sie tief in den Wienerwald zurück, das Wiener Becken wurde Teil der östlichen Reichsgebiete, der Marchia Orientalis. Wenn auch geografisch nicht völlig deckungsgleich, wurde damit diese bayerische Präfektur Keimzelle dessen, was zwei Jahrhunderte später Ostarrîchi, Österreich, werden sollte.

## 4.   Im Ende der Anfang (im Jahr 803)

In den kleinen Weilern entlang des Wienflusses herrscht unruhiges Treiben.

Seit Tagen kommen die awarischen Reiter, die die slawischen Dörfer bisher gemieden haben, und verlangen Unterkunft für sich, ihre Mannen, ihre Pferde. Auf den eigenen Gutshöfen ist kein Platz mehr für sie, zu viele sind es inzwischen, die über die Donau hereinströmen. Nun sollen also die Hütten und Ställe der sonst so Verachteten und Unterdrückten herhalten. Und diese tun ihnen die Tore auch tatsächlich auf. So ist es nun einmal, so war es immer schon.

Herrisch treten sie auf, die Pferdemänner, sie, die für Jahrhunderte die Herren dieses Landes waren. Aber heute ist ihr harscher Ton Fassade, mühsam aufrecht erhaltene Pose, Attitüde, glatte, unüberhörbare Lüge, die sich mit jedem rauen Wort und jedem gebellten Befehl mehr und mehr entschleiert: In den Stimmen schwingt Angst. Denn es ist die wilde, stiebende Flucht, die die sonst so Stolzen hinter die Lehmwälle ihrer Knechte treibt.

Geschlagen kehren sie zurück, die großen Krieger, die ausgerückt sind, die Franken und Bayern in die Schranken zu weisen: Leer hängen die Köcher an den Sätteln ihrer Pferde, zerbrochen sind die Bögen, stumpf ihre Schwerter.

Über zehn Jahre ist der Kampf hin und her gegangen, hier, an der Westgrenze des Awarenreichs.

Oder auch: Hier, an der Ostgrenze des Frankenreichs, niemand weiß so genau zu sagen, zu wem dieses Gebiet gehört. „Awarische Mark" nennen es die Franken seit kurzem, und bekunden damit einen Anspruch, den sie bisher nur auf dem Pergament durchsetzen können. Das Kastell Guntio haben sie mitten ins Land gepflanzt – als sichtbares Zeichen, dass sie gekommen sind, um zu bleiben. Zwei Markgrafen haben sie geschickt - als Fronvögte. Dann, nachdem diese getötet wurden, zwei weitere.

Eine Provokation.

Und eine erfolgreiche dazu. Ermutigt durch die ersten Morde, die ungestraft geblieben waren, hatten einige Verwegene den beiden Grafen Cadaloc und Goteram nahe der Burg aufgelauert und sie aus dem Hinterhalt erschlagen.

Doch was zum Fanal für einen Aufstand der Awaren hatte werden sollen, offenbart sich nun als ihr Verderben. Denn dieses Mal hat Karl, den seine Bewunderer Pater Europae nennen, den seine Feinde aber einen reißenden Wolf heißen, nicht mehr stillgehalten. Vielmehr hat er sein Heer ausgesendet, um ein für alle Mal Schluss zu machen mit den Unruhestiftern an der östlichen Flanke seines ständig wachsenden Reiches. Ein gewaltiger eiserner Lindwurm hatte sich von Bayern aus in Bewegung gesetzt, um die Awarische Mark mit Feuer zu überziehen. Widerstand war sinnlos, wer nicht erschlagen werden wollte, dem blieb nur die Flucht.

Nun sind sie also hier, am Rand des dichtgrünen, des bergenden Wienerwalds. Atem holen. Ahnend, dass dieser paradiesische Flecken ihnen nur kurze Rast vergönnen wird. Zu bald, schon morgen vielleicht, werden die Franken hierherkommen. Und dann?

Sie wissen es nicht. Sie wissen nur, dass, was auch immer die kommenden Tage bringen, es nicht mehr ihr Volk sein wird, dessen Geschichte hier zwischen Forst und Fluss geschrieben wird.

Ob sie ahnen, dass in ihrem Niedergang der Keim für die große Zukunft Wiens liegt? Kaum. Und wenn, es wäre ihnen wohl kein Trost. Aber vielleicht: Dass genau hier, an diesem Ort, in diesem in Strohhütten und Lehmwällen säuglingshaft schlummernden Wien, eines Tages auch das Reich Karls sein Ende finden wird.

Selbst wenn es bis dahin noch tausend Jahre sind. Tausend glanzvolle Jahre.

# Epoche der Babenberger

*Für die Zeit nach dem Jahr 800 sind wieder greifbare Aktivitäten der Wiener Lokalgeschichte verzeichnet, auch wenn der Weg zur Stadt noch weit ist. Aber immerhin entstand an St. Peter eine erste Kirchengemeinde als eindeutiger Beleg dafür, dass der antike Stadtkern wieder dauerhaft besiedelt war.*

*Hart an der Ostgrenze des Karolingerreichs gelegen, war das Gebiet lange Zeit Zankapfel zwischen den von Osten aus dem Ural hereindrängenden Magyaren und den Deutschen. In diesem Zusammenhang taucht auch die erste neuzeitliche Nennung der Ortschaft in den Salzburger Annalen des Jahres 881 auf, wo von einem Gefecht mit den Ungarn „ad Ueniam", „bei Wien" berichtet wird – wobei nicht klar ist, ob die Siedlung oder der Fluss gemeint ist.*

*Um die Jahrtausendwende stabilisierte sich die Situation, nachdem sich unter den Babenbergern im Jahr 976 die Markgrafschaft Ostarrichi als weitestgehend eigenständige Herrschaft etabliert hatte. Mit dem Privilegium Minus von 1156 wurde das Land dann schließlich Herzogtum, mit Wien – nunmehr in Urkunden stolz „Civitas" bezeichnet – als Hauptstadt. Sichtbares Zeichen für den gehobenen Status wurde die Pfalz, die Heinrich Jasomirgott ab 1150 auf dem heutigen Platz „Am Hof" errichten ließ.*

## 5.  **Privilegium Minus** (Oktober 1156)

„Gehen wir, Frau Herzogin" sagt der alte Mann und greift lächelnd die Hand der neben ihm Stehenden. Die um viele Jahre Jüngere dreht sich zu ihm und erwidert sein Lächeln, ehe sie ihre feine, kleine Hand in die nach ihr haschende Pranke legt. Ihre Finger verschränken sich: „Gehen wir, Herr Herzog."

Die Trommeln, die anheben, als das Paar in die Tür des Palas tritt, können sich kaum gegen den Baulärm im weiten Geviert der Pfalz durchsetzen. Überall wird ausgeschachtet und aufgemauert, es werden Balken gesägt und Steine zugeschlagen, Wände verputzt und Fassaden in buntesten Farben ausgemalt. Es ist eine Freude.

„Dein Wiener Haus wird bald fertig sein."

Theodora nickt: „Ja, und wie schön es wird. Ich danke Dir, Heinrich."

Heinrich – den spätere Generationen Jasomirgott nennen werden - weiß, was er an seiner Gemahlin hat. Und so ist er ihrem Wunsch, die finsteren Mauern der Residenz in Klosterneuburg endgültig hinter sich zu lassen und dauerhaft ins liebliche Wiental überzusiedeln, nur zu gerne gefolgt.

Es ist nicht ihre Schönheit, die ihn immer wieder begeistert. Obwohl: Ihm waren die Augen übergegangen, als er die fünfzehnjährige Nichte Kaiser Manuels das erste Mal gesehen hatte. In Byzanz, während des Kreuzzugs von 1147. Und auch, wenn das Unternehmen militärisch ein Desaster gewesen war, hatte der damals Vierzigjährige sein persönliches Glück am Bosporus nicht nur gefunden, sondern zudem Theodora – glückliche Fügung der politischen Umstände – als Ehefrau heimführen können.

Dass er damit als Verwandter des byzantinischen Herrscherhauses bedeutende Karten im Machtspiel des Reiches in der Hand hielt, hatte sich in den folgenden Jahren als hilfreich erwiesen. Zurücksetzung musste er nicht mehr fürchten – niemand mochte es wagen, den mächtigen Verbündeten am Mittelmeer, das Bollwerk der Christenheit gegen den immer stärker anwachsenden Islam, zu verärgern. Selbst der ungestüme Friedrich Barbarossa nicht, der schon den nächsten Kreuzzug im Sinn hatte, für den er die Hilfe aus Byzanz nötig wusste.

Eben deshalb hatte der König dann auch Rücksicht nehmen müssen auf Heinrich, als er vor kurzem daran ging, das dem Sachsenherzog – ebenfalls ein Heinrich, aber ein Welfe - als Bestechung für die Unterstützung seiner Königswahl versprochene Bayern zuzuschanzen. Denn der Jasomirgott hielt dieses Land, und wenn Barbarossa bei einem geringeren Lehensmann nicht gezögert hätte, durch sein bloßes Machtwort die Herrschaftsverhältnisse neu zu ordnen, konnte er dies beim Babenberger nicht wagen, ohne Gefahr zu laufen, eine neue Kriegsfahrt ins Heilige Land von vorneherein zum Scheitern zu verurteilen.

Es hieß also verhandeln, um eine Lösung zu finden.

Ein ärgerliches Geplänkel und Gerede war es geworden, ein langwieriges zudem, das erst im September dieses Jahres, dem eintausendeinhundertsechsundfünfzigsten nach der Geburt des Herrn, zu einem einvernehmlichen Ende gekommen war.

Das Ergebnis war für alle drei Fürsten ernüchternd gewesen: Für Barbarossa, der hatte einsehen müssen, dass ein König im Sacrum Imperium nichts ohne die Zustimmung seines Adels zu Stande bringt. Für Heinrich, weil er Bayern hatte aufgeben müssen, trotz generationenalter Verdienste seiner Familie um Herrschaft und Reich. Herzog der Ostmark würde er nun stattdessen werden, Herzog des neu geschaffenen Österreich, mit Ehrenrechten, Trostrechten, festgeschrieben in einem Privilegium. Und für den anderen Heinrich, den Welfen, den Löwen, war die Lösung ein Ärgernis, weil er ein Bayern zum Lehen bekam, das fast ein Drittel seines Gebiets an eben dieses junge Herzogtum Österreich abzutreten hatte.

Zornig hatten die drei Männer zusammengesessen auf dem Hoftag im September in Regensburg, als der Beschluss feierlich zu Eid und Siegel verkündet wurde. Erst am Abend, als beim gemeinsamen Festmahl die Frauen anwesend waren, erheiterte sich die Stimmung um ein Weniges. Denn Theodora, die schöne und geheimnisvolle, kluge und gewandte Tochter des listenreichen Byzanz, hatte alle bezaubert.

„Das ist es," denkt Heinrich und blinzelt in die goldene Wiener Oktobersonne „das ist es, was ich an ihr liebe: Wo sie ist, ist guter Rat. Wo sie ist, schweigt der Zank. Selbst so mürrische Gesellen wie den Löwen und den Rotbart kann sie zähmen. Mit einem Aufschlagen ihrer schwarzen Augen, mit einigen klugen Worten. Wer weiß, wie das alles ohne sie ausgegangen wäre."

Die Stimme des Truchsesses überdröhnt die Trommeln und reißt den alten Kämpen aus seinen Gedanken: „Platz da für den Herzog und die Herzogin von Österreich!"

Fester greift Heinrichs Hand in die Theodoras, als die beiden die Treppe in den Hof hinunterschreiten: „Glücklich dieses Land. Glücklich ich."

Mit der Erhebung zur Residenzstadt begann für Wien ein zunächst eher bescheidenes Wachstum – das Geld für den ganz großen Wurf, den Ausbau der städtischen Infrastruktur und der Verteidigungsanlagen, fehlte indes.

Da spielte das Schicksal im Jahr 1192 Herzog Leopold V. einen Trumpf in die Hände, der nicht nur über die Entwicklung Wiens, sondern langfristig auch über die Zukunft des Abendlands entscheiden sollte.

Im Jahr zuvor war es auf dem dritten Kreuzzug zum Eklat zwischen dem selbstbewussten Babenberger und dem englischen König Richard Löwenherz gekommen. Bei der Eroberung der Festung Akkon (heute im Norden Israels) ließ der eitle Plantagenet die Standarte Leopolds, die neben seiner wehte, entfernen und in den Burggraben werfen, mittelalterlichem Ehrverständnis entsprechend, eine grobe Beleidigung. Dass sein Heimweg nach England ihn im Winter des Folgejahres wegen anhaltender Stürme im Mittelmeer und den bereits tief verschneiten Alpen ausgerechnet durch österreichisches Gebiet führen sollte, konnte Richard zu diesem Zeitpunkt nicht ahnen.

Vermutlich schon längere Zeit von den Spähern des österreichischen Herzogs beobachtet, wurde der König am 21.12.1192 von Leopolds Männern in Erdberg verhaftet und an Kaiser Heinrich VI. – mit dem Löwenherz ebenfalls über Kreuz lag – ausgeliefert. Gegen die Zahlung der horrenden Summe von 23 Tonnen Silber (dem

Dreifachen der Jahreseinnahmen der englischen Krone) kam er erst 1194 wieder frei.

Die Hälfte des Lösegelds ging an den Babenberger, der damit unter anderem Wien mit just jener Stadtmauer befestigen ließ, an der über 300 Jahre später die erste osmanische Belagerung scheitern sollte.

## 6.  In der Erdberger Falle (21.12.1192)

Es ist still an diesem vorweihnachtlichen Nachmittag im kleinen Dörfchen Ertpurch. Donauaufwärts, hinter den dick eingeschneiten Donauauen grade noch zu erkennen, dämmern die Mauern der Babenbergerresidenz zu Wien schon in den Abend hinüber.

Heute gegen Mittag ist eine kleine Gruppe Berittener im Ort aufgetaucht und hat Unterkunft im Dorfkrug genommen. Seltsame Leute dies, die den Bewohnern Ertpurchs nicht so recht geheuer vorkommen. Pilger seien sie, haben sie gesagt. Pilger – um diese Zeit des Jahres? Arme Wanderer seien sie – und sind doch hoch zu Ross angekommen.

Am auffälligsten ist der hünenhafte Mann in ihrer Mitte, ohne Zweifel der Anführer der Fremden, so sehr schwirren und flattern die anderen um ihn herum. Jedes Wort, jede Geste verrät den hohen Herren.

Dass sie untereinander Französisch reden, lässt bei den braven Erdbergern einen Verdacht aufkommen. Ein alter Kriegsmann, im Sommer zurückgekehrt vom Kreuzzug und am nahegelegenen herzoglichen Witwengut zu Diensten, wird rasch herbeigeholt - und er bestätigt, wen man da in seinen Wällen beherbergt. So schicken sie nach der Residenz: Es möge doch unbedingt ein Trupp Bewaffneter vorbeikommen und sich diesen seltsamen Zug einmal näher ansehen.

Richard, den sie quer über die Länder des Westens den Löwenherz nennen, ahnt hingegen nicht, dass man ihn erkannt hat.

Dass er sich in Gefahr befindet, ist ihm durchaus bewusst, seitdem auf österreichischem Gebiet seine Begleiter einer um den anderen verschwunden sind. Von Kundschaftergängen nicht zurückgekehrt, auf Märkten ohne sichtlichen Grund verhaftet. Einen hatten sie mit durchschnittener Kehle bei den Pferden gefunden, als sie von Friesach aufbrachen.

Ungute Gerüchte hat er auf den Wegen gehört: Er habe während des Kreuzzugs zu Akkon Österreichs Banner in den Dreck getreten. Mit Kot besudelt. Ein Unfug das, eine üble Erfindung, Geschrei, in Babenbergerzelten ausgedacht und von geschwätzigen Marktweibern durch die Lande getragen.

Gestritten hatte man sich, das schon. Im Lager, draußen vor den Mauern der gefallenen Stadt. Und Richard hatte dem Herzog Leopold unmissverständlich klar gemacht, dass er mit dem Rangniedrigeren nicht um die Beute feilschen werde. Mit dem ebenfalls anwesenden Franzosenkönig – vielleicht. Mit einem kleinen Adligen vom Ende der Welt? Lächerlich.

Dass er auf seinem Weg von Palästina zurück nach England jetzt ausgerechnet das Gebiet Leopolds durchqueren muss – diese Wendung hatte er damals natürlich nicht voraussehen können. Doch dann war sein Schiff vor Istrien in einen Sturm geraten und gesunken. Die meisten Personen, die mit ihm an Bord gewesen waren, ertranken, er selbst und eine Handvoll Begleiter hatten sich mit Mühe und Not ans nahe Ufer gerettet. Durchnässt und frierend hatten sie sich in einem kleinen Dorf mit Kleidung – mit einfachem bäuerlichen Zeug, aber immerhin doch trocken und warm – und mit Proviant eingedeckt. Auch einige Pferde hatten sie bekommen.

Im Grunde war dieser erzwungene Landweg durch das Heilige Römische Reich ein Abenteuer nach Richards Geschmack. In ernsthafter Gefahr hatte er sich dabei nicht gewähnt. Kreuzfahrer standen unter dem Schutz der Kirche, gesalbte Könige, wie er einer war, noch einmal mehr. Jedermann, der ihn anrührte, riskierte die ewige Verdammnis.

Erst das Unheil in den Babenberger Gebieten hatte ihn nachdenklich gemacht, begann er doch zu begreifen, dass Leopold die Beleidigung von Akkon keineswegs vergessen hatte. Und dass ganz Österreich von der Schmach, von ihm als Schmähendem wusste.

Der kleine Trupp verhielt sich seitdem vorsichtiger. Mit Erfolg. Seit einigen Tagen schon war es zu keinen Vorkommnissen mehr gekommen, die Häscher, die der Herzog auf ihn angesetzt hatte, schienen die Spur verloren zu haben.

Hier in Ertpurch, kaum einen Stundenritt von der Babenberger-Residenz, scheint er in Sicherheit zu sein. Richard ist zufrieden: „Morgen bei Tagesanbruch weiter, weg von Wien. Und dann noch fünf, sechs Tagesreisen und wir sind im Böhmischen.“

Es kommt anders, der König hat seinen Plan wieder einmal ohne Frau Fortuna gemacht. Mit einem Mal ist der Herbergsraum voll mit Bewaffneten, mit so vielen, dass es allen sofort klar ist: Widerstand ist zwecklos. Ein Hauptmann tritt

vor: „Sire, im Namen Leopolds, Herzog von Österreich und
der Steiermark, nehme ich Euch gefangen. Bitte folgt mir.“

Mit der Erhebung zur Residenz begann für Wien der wirtschaftliche Aufstieg. Günstig gelegen am Schnittpunkt der nord-südlichen und ost-westlichen Fernrouten, prosperierte der Handel, insbesondere der mit Wein.

Eines aber fehlte: Rechtlich gesehen war der Status der Siedlung ungeklärt. Dies änderte sich erst am 18. Oktober des Jahres 1221, als Herzog Leopold VI. Wien das Stadtrecht verlieh. Der Bürgerschaft, die auf diese Ordnung gedrängt hatte, ging es dabei nur wenig um die städtische Verwaltung – man war bisher gut ohne einen Rat der Vierundzwanzig oder einen herzoglichen Stadtrichter ausgekommen und gedachte auch nicht, daran etwas zu ändern. Von großem Interesse war hingegen das mit dem Stadtrecht verbundene Stapelrecht, das fremde Handelsleute, insbesondere die Konkurrenz aus Regensburg, Passau und dem Schwäbischen zwang, ihre Waren zunächst einmal den Wienern anzubieten, ehe sie das Stadtgebiet passieren durften. So sollte vor allem der Weinhandel zwischen Ungarn und dem Reichsgebiet unterbunden werden.

## 7.  Stadtluft (18.10.1221)

„Runter vom Bock!"

„Hier im Schlamm? Sicher nicht. Macht das Tor auf."

„Ich sag's nicht zweimal. Runter und lass uns nachschauen, was du da hast."

„Schon gut, schon gut. Ist nur Wein von der Theiß. Und eh nicht für euch Wiener bestimmt. Geht weiter nach Passau."

Die zwei Torwächter schauen sich grinsend an. Noch einer, der es nicht mitbekommen hat. Wie so viele, in den letzten Tagen.

„Dann ist deine Reise hier zu Ende, Fuhrmann. Oder hast du einen Gewährsmann hier in Wien?"

„Einen was? Was soll das?"

„Einen Handelsherren brauchst halt, der deine Waren übernimmt. Hast du den?"

„Natürlich nicht. Was habe ich mit Wien zu schaffen? Durchfahren will ich nur, mehr nicht."

„Ist nicht, wird nichts werden. Wir bringen dich und den Wein jetzt zum Markt, da kannst deine Waren niederlegen. Und dann sieh' zu, dass du binnen zwei Monaten einen von unseren Hökerern auftust, der den hungarischen Pansch kauft.

Sei froh, wennst jemanden findest. Verboten gehört das Teufelszeug."

Arnold der Fuhrmann flucht. Gerüchte hat es schon einige Wochen gegeben, aber er hatte gehofft, Wien hinter sich zu lassen, ehe das neue Stadt- und Stapelrecht ihm einen Strich durch die Rechnung macht. Allein, der heuer besonders heftig hereindreschende Herbstregen hat die Wege jüngst in eine schlammige Hölle verwandelt. Viel zu langsam ist er vorangekommen.

Und nun das.

Mit dem Geld, dass Richard Löwenherz für seine Freilassung an den Kaiser und an den österreichischen Herzog hatte zahlen müssen, haben die Babenberger ihr Wien immer weiter ausgebaut. Und spätestens, seitdem die Stadtmauer mächtig in die Höhe wuchs, war jedem Bürger, jedem Besucher, jedem Durchreisenden klar, dass es nur eine Frage der Zeit sein würde, ehe die Siedlung offiziell zur Stadt erklärt würde.

Dass es grade heute so weit ist, da hat der Fuhrmann eben ein Pech. Herzog Leopold, immerhin schon der Sechste seines Namens, hat seiner Residenzstadt just an diesem Tag mit großer Aktion und unter Fanfarengeschmetter das Stadtprivileg verliehen. Damit gilt nun ein eigenes Wiener Recht – Arnold kanns egal sein, er kennt keinen Menschen hier – aber es gelten auch ganz besondere Vorrechte für die hiesigen Kaufleute. In Zukunft wird kein Händler mehr durch die Stadt fahren dürfen, ohne seine Waren erst einmal vor Ort zum Kauf anzubieten. Wochenlang.

Und froh zu sein, wenn einer zu finden ist, der seinen edlen Tropfen haben will. Denn ob's nach Wochen – ach was, nach Monaten – weitergeht auf seinen Wagen und durch dieses verfluchte Stadttor wieder hinaus, oder ob die Marktaufseher die Ware einfach ausschütten, wenn kein Herr Mercator sie übernehmen und weiterhandeln will, das ist die Frage. Und für seinen Hungarnwein, das weiß Arnold sehr wohl, stehen die Karten da schlecht, wollen die Wiener doch lieber ihren eigenen Wein ins Reich verkaufen. Da wird sein kostbarer Tropfen in der Donau landen, wenn nicht ein hoher Herr oder ein gestopfter Kaufmann Geschmack daran findet.

Der Fuhrmann seufzt, aber schlussendlich bequemt er sich herunter vom Bock. Was kann er auch sonst tun? An Wien führt nun einmal kein Weg mehr vorbei.

# Wien im Hochmittelalter

*Nunmehr also eine Stadt mit allen Rechten und zudem Residenz der Babenberger Herzöge, profitierte Wien ebenso von seiner günstigen geografischen Lage wie vom gelegentlich skrupellosen Ehrgeiz der ortsansässigen Kaufmannschaft. Da passte es wenig, dass ein Bischof im fernen Passau geistlicher Oberhirte der prosperierenden Stadt war. Aber der Versuch Leopolds, eine eigene Diözese zu gründen, scheiterte – erst im Jahr 1469 sollte sich der Traum von einem autonomen Bistum Wien erfüllen.*

*Ein wichtiger Schritt auf dem Weg dorthin war der Ausbau der Stephanskirche zu einem Gotteshaus von repräsentativer Größe.*

*Nach dramatischen Jahren, die das Ende der Babenberger und einen raschen Wechsel von Herrschergeschlechtern brachten, begann 1282 mit Albrecht I. die Ära der Habsburger. Er legte den Grundstein zum Bau des gotischen Chores von St. Stephan, der unter seinem Sohn Albrecht II. im Jahr 1340 abgeschlossen wurde.*

# 8.  Abglanz der Ewigkeit (23.04.1340)

Milchige Schwaden von Weihrauch steigen auf in den luftig weiten Raum, der ellenhoch über den Häuptern der versammelten Menge aufragt. Über den Lettner hinweg, der den der Geistlichkeit vorbehaltenen Altarraum streng vom Kirchenschiff der Laien abtrennt, funkeln die Farben der Glasfenster wie Edelsteine im Sonnenlicht. Nur im südlichen Chor, der den Aposteln geweiht ist, ist derzeit einfach gemustertes Glas eingelassen. Hier sind die Maler nicht rechtzeitig fertig geworden: Petrus und Johannes, Andreas, Bartholomäus, die beiden Jacobus und all die anderen: Sie liegen noch als Riss und Schablone, als farbiges Bruchstück und graues Bleinetz in der Werkhütte.

Aus dem Chor dringt die Stimme des Zelebranten in das Kirchenschiff: „Man las aus dem Buch der Weisung Gottes vor und gab dazu Erklärungen, sodass die Leute das Vorgelesene verstehen konnten. Nehemía sagte dann zum ganzen Volk: Heute ist ein heiliger Tag. Seid nicht traurig und weinet nicht!"

Die Urbetscherin ist - samt kleiner Tochter und Magd – schon am frühen Morgen nach St. Stephan geeilt und hat sich ihren Platz direkt vorne am Lettner vor dem Chor der heiligen Muttergottes gesichert. Ihr blaues Überkleid, das sie nur zu besonderen Festtagen aus der Truhe nimmt und der weiß-leinene Kruselerschleier haben exakt die Farbe des Gewands der Jungfrau auf dem Marienaltar im Bogen vor ihr, und wer genau hinschaut, findet auch in Gesicht und Haltung Übereinstimmung zwischen der ältlichen Wiener Patrizierin und der jungen Frau aus Galiläa.

Nicht ganz zufällig dies, hat doch ihr Ehegatte, kurz bevor ihn der Schlagfluss dahingerafft hat, eine gehörige Menge Geldes für das fromme Bildwerk gestiftet. Seiner Seele zum Heil und seinen Kollegen zum Neid hatte er die Pfennige reichlich rollen lassen, so reichlich, dass der wackere Malermeister nicht umhinkonnte, der an der Krippe knieenden Muttergottes Antlitz und Gestus der Ehefrau seines Gönners und dem heiligen Josef die Gesichtszüge des Münzmeisters selbst aufzumalen.

Die Urbetscherin seufzt leise auf: Ob sich das viele Geld gelohnt hat – ihr Dietrich wird es inzwischen wissen. Sie hofft zumindest inständig, dass er dem Fegefeuer billig schnell entrinnen kann. Ganz sicher ist sie sich nicht, es gab doch einige recht bedenkliche Geschäfte in den letzten Jahren. Vielleicht sollte sie einen Ablass für ihn kaufen, der zum heutigen hohen Tage mit besonderer Wirksamkeit gleich beim Ausgang des Gotteshauses angeboten wird. Schaden kann es sicher nicht.

Eine plötzlich-aufgeregte, goldweiße Bewegung aus dem mittleren Chor, nur in Umrissen zu ahnen von ihrem seitlichen Standpunkt aus, reißt sie aus ihren Gedanken.

Bischof Adalbert, eigens aus dem fernen Passau angereist zu diesem hohen Tage, ist ihr in die Sicht gekommen. Nachdem er den Hauptaltar geheiligt hat, beginnt er nun den neu erbauten Kirchenchor selbst zu segnen. Assistiert von seinen Mitkonsekratoren weiht er die Wände dieses Neuen Jerusalems an vorher bezeichneten Stellen mit geweihtem Öl. Zwölf

Mal wiederholt er den heiligen Akt, und wenn er einen Stein des Baus bestrichen hat, markieren helfende Hände den Punkt mit einem Kreuz und platzieren ein Licht davor. Schon heute Nachmittag werden die Freskenmaler kommen und an diesen Stellen ein Apostelzeichen aufmalen, als sichtbares Kennzeichen, dass an diesem Ort Gott und seine Gemeinde zusammenfinden in Wort und Gebet, in Zeichen und Wundern.

Der Schwarm der Priester und Kirchendiener hat sich inzwischen aufgeteilt. Über jeden der sechs Altäre haben sie weißes Leinen gebreitet und dicht an dicht unzählige Weihrauchgefäße vor den Bildern und gold- und farbgefassten Heiligenschnitzereien aufgestellt.

Immer dichter wird der Rauch, und während das große Te Deum Laudamus aus tausend Kehlen des Klerus und der Gemeinde erklingt, muss die Urbetscherin sich an Tochter und Magd festhalten, um von all dem Duft nicht in Ohnmacht zu fallen.

Dennoch - sie harrt aus: Nur einmal in ihrem kurzen irdischen Leben wird sie einer Chorweihe in St. Stephan beiwohnen. Aber auf ihrem Abbild, hoch auf dem Altar über den Weihrauchwolken, auf ihrem Abbild liegt ein Hauch vom Abglanz der Ewigkeit.

*Albrechts Sohn Rudolf IV., der im Jahr 1358 an die Macht gekommen war, war eine der schillerndsten Gestalten der Landes- und Stadtgeschichte. Mit ihm etablierten sich die Habsburger fest als Herzöge, er betrieb eine dezidiert „österreichische" Politik. Dazu gehörte der Ausbau Wiens zu einer Stadt, die die Konkurrenz mit dem damaligen Kaisersitz Prag und mit den großen Reichsstädten nicht zu scheuen brauchte. Zu den Maßnahmen Rudolfs gehörten die Gründung der Universität im Jahr 1365 sowie der Bau des gotischen Langhauses von St. Stephan. Die Kirche erhielt zudem ein Metropolitankapitel – die administrative und liturgische Personalausstattung eines Bistums – obwohl Passau noch ein gutes Jahrhundert der zuständige Bischofssitz bleiben sollte.*

*Von politisch weitreichendster Bedeutung, und ob der Kuriosität seiner Erstellung bis heute legendär, ist aber das Privilegium Majus aus den Jahren 1358 / 59. Mit diesem versuchte Rudolf, Österreich den Kurfürstentümern im Reich gleichzustellen. Dafür gingen ein ganzes Konvolut gefälschter Dokumente an seinen Schwiegervater, Kaiser Karl IV., die seine Ansprüche angeblich historisch belegten. Beiden Seiten war klar, dass die Dokumente nicht echt waren, der Kaiser ließ sich seinen Verdacht zudem noch durch den italienischen Dichter und Antikenkenner Francesco Petrarca bestätigen. Nichtsdestotrotz wurden einzelne Forderungen daraus entweder bestätigt oder stillschweigend geduldet, unter anderem der erfundene Titel eines Erzherzogs.*

*Zur Gänze anerkannt wurde es indes erst im Jahr 1442 durch Kaiser Friedrich III., wenig überraschend ein Habsburger. Mit diesem letzten Streich wurde das Privilegium Majus endgültig zur staatsrechtlichen Grundlage für eine eigenständige Entwicklung Österreichs.*

## 9.  Ein Bündel Dokumente (November 1358)

Kalt zieht der Wind durch die offenen Fenster des kleinen Turmzimmers. Der fröstelnde Diener, der den beiden hohen Herren soeben den Wein gebracht hat, hat sich rasch wieder aus dem Staub gemacht. Der ältere der Männer schlingt das Gewand fester um sich, auch ihn fröstelt es an diesem sturmdurchtobten Novemberabend. Eine eindrucksvolle Gestalt: kluge, wache Augen unter dem schütter werdenden Haar, ein gepflegter, wenn auch früh ergrauter Bart. Dass er geistlichen Standes ist, ist ihm nicht anzusehen, nur das schwere Goldkreuz, das dann und wann unter dem Pelz des Mantels aufblitzt, verrät den Kanoniker.

Johann Ribi von Platzheim, der Leiter der herzoglichen Kanzlei hier am Wiener Hof, lacht leise auf: „Caesar, Nero? Das geht zu weit. Der Kaiser ist kein Narr.“

„So wenig wie ich, Johann.“ Noch einmal lehnt sich der junge Mann ins Schneegestöber hinaus, ehe er abrupt die Fensterläden zuschlägt und sich dem Kanzler zuwendet. Die Erregung steht ihm ins Gesicht geschrieben, auf seiner Stirn pulst bedrohlich eine Ader und rote Flecken bedecken seine Haut. „So wenig wie ich. Und denk dran, Karl ist mein Schwiegervater. Ich weiß schon, was ihm zuzumuten ist.“

„Aber warum wollt Ihr, dass ich ausgerechnet Julius Caesar und Nero in die Heinrichsurkunde hineinschreibe? Just die beiden, es wird den Kaiser keine Stunde kosten, euch den

Schwindel nachzuweisen und die Forderungen daraus abzulehnen.“

„...und anderen dafür umso leichter nachkommen. Außerdem – warum nicht Caesar und Nero? Halb Europa beruft sich in seinen Ursprüngen auf irgendwelche Götter, Helden oder Ungeheuer, warum soll Österreich da bei Seite stehen? Die Städte in Italien leitet sich von den Trojanern her, in Paris war es Herakles, in Prag Libuše. Da wird Karl mir ein paar Imperatoren gewähren müssen, will er seinen Eidam im Reich nicht hintanstellen.“

Hastig stürzt der Herzog ein Glas Wein hinunter: „Vor zwei Jahren hat der Kaiser die Kurfürsten in ihre Rechte eingesetzt – und Österreich außen vorgelassen. Nicht wichtig genug seien wir ihm. Nicht wichtig genug? Oh, ich werde meinem Herrn Schwiegervater eine Wichtigkeit aufschwatzen, vor der er sich nicht verstecken kann. Ganz schwindelig soll ihm vor unsrer Wichtigkeit werden. Das Herzogtum wird seine Statuten schon bekommen!“

„Unteilbar das Land, eigenständig gegenüber dem Reich in der Gerichtsbarkeit und in der Erbfolge. Ich weiß es wohl, Rudolf, das sind Eure sehnlichsten Wünsche seit Ihr Eurem Vater ins Amt nachgefolgt seid.“ Johann Ribi hat sich ebenfalls einen Becher eingeschenkt, aber im Gegensatz zu seinem Herrn trinkt er in kleinen, wohlgemessenen Schlucken. Nur nichts überstürzen, nur nicht eilen. Gut Ding braucht Weile – beim Wein, wie in der Politik.

„Ich werde Zeit brauchen, Herr. Und gute Leute. Aber dann werden wir schon ein rechtes Bündel Dokumente anzufertigen wissen, mit dem ihr dem Kaiser entgegentreten könnt. Und selbst wenn er euren Römern die Anerkennung versagt – ist das Privilegium erst einmal im Umlauf, wird die Zeit es schon richten.“

„Ich sehe, Johann, wir verstehen uns.“

Mit einer raschen Wendung steht Rudolf IV. in der Tür der Turmkammer. „Und jetzt, mein Guter, hinab in den Saal, es ist Zeit, zu Abend zu essen. Und außerdem ist es ganz scheußlich kalt hier.“

*Nach der schillernden, aber kurzen Regierungszeit Rudolfs IV. baute sein Nachfolger Albrecht III. Wien zu einem Zentrum von Kultur und Wissenschaft aus. Sein besonderes Augenmerk galt dem Ausbau der Universität zu einem Bildungszentrum von europäischem Rang.*

*Unter seinem Sohn Albrecht IV. entstanden bedeutende Bauwerke der Gotik in der Stadt, die bis heute das Gesicht Wiens prägen, darunter der Hauptturm des Stephansdoms und die Kirche Maria am Gestade.*

*Es hätte ein erstes goldenes Zeitalter werden können. Aber sein Sohn, wieder ein Albrecht als V. Herzog von Österreich, als II. römisch-deutscher König, ließ sich tief in die religiösen Wirren seiner Zeit hineinziehen. Unrühmlicher Tiefpunkt seiner Herrschaft wurde die Ermordung und Vertreibung der jüdischen Gemeinde der Stadt, die Wiener Gesera des Jahres 1421.*

## 10.  **Sie gehen nur voraus** (im Herbst 1420)


„Rabbi Jona, weh, Rabbi Jona. Ihr kommt früh. Ihr kommt viel zu früh."

Die junge Frau kann sich nicht mehr halten. Schluchzend dreht sie sich auf der Schwelle um, sie will nur ins Haus, in die Stube, wo ihre beiden Kinder spielen. Kindlich spielen, vergnügt mit ihrem kleinen Holzwerk, mit der braunen Kuh, dem weißen Pferd, dem gelben Hahn, und mit der Puppe, die Vater vor einiger Zeit von der Reise nach Prag mitgebracht hat. Wie könnten sie auch ahnen, dass der graue Mann, den die Mutter grade eben so harsch vor der Tür stehen lässt, um ihretwillen gekommen ist.

Sie können es nicht, ebenso wenig, wie sie wissen können, dass in der nahen Hofburg ein Erzherzog Albrecht V. - in Gelddingen ein Narr, in der Politik ein Hasardeur, menschlich ein Scheusal – sich anmaßt, über ihre Welt ein Verhängnis zu bringen, wie es für das Volk Israel in Wien und in den österreichischen Landen noch keines gegeben hat.

Den Vater wähnen die Kinder auf Reisen: Das ist er doch immer. Und das hat die Mutter auch dieses Mal gesagt. Die Tränen, die der Frau dabei in den Augen standen, die haben die beiden – acht Jahre alt der Bub, der Nathan, der Augenstern; sechs Jahre das Mädchen, Esther, ihr kleines Ebenbild an Schönheit schon jetzt – die Tränen haben sie nicht deuten können. Kindlich aufgeregt haben sie darüber hinweggeschaut und lieber gemeinsam, als die Mutter sie allein gelassen, überlegt, was der Vater wohl dieses Mal für sie mitbringen wird.

Die Frau hingegen weiß recht wohl, dass ihr Mann nicht auf Reisen ist. Abgeholt haben sie ihn, eines Morgens, einige Tage nach der letzten Fahrt ins Böhmische. Gekommen sind sie, haben ihn geschlagen, ins Eisen gelegt, in die Haft genommen. Fast drei Monate ist das jetzt her, und Hannah fühlt, dass sie ihren Mann nicht wiedersehen wird. Sein Schicksal war besiegelt in dem Moment, als die Büttel ihn mitnahmen. Und mit seinem das seiner Frau, das seiner Kinder. Verlorene sind sie. „Weh…“

Die eherne Stimme des Rabbi reißt sie aus ihren Gedanken: „Hannah, Gemahlin des Salomon. Höre du wohl, was das Schicksal deines Volkes zu dir spricht.“

Wie angewurzelt bleibt sie stehen ob der Macht dieses Rufs, verharrt mit einem Mal regungslos, herausgerissen aus ihrer wilden Bewegung, starr. Lots Weib.

„Ich kann das nicht, Rabbi. Nicht meine Kinder. Ich kann sie dir nicht geben. Geh…“ leise, unbestimmt und nach Festigkeit tasten ihre Worte. „Geh, und verschone uns, unheilvoller Mann.“

„Ja.“ Plötzlich ist die Stimme des Alten müde, nicht mehr hart, vielmehr weich wie das Herbstlicht, das ihn umfließt. „Ja, Hannah, ich bin das Unheil. Ich weiß. Für jede Mutter, die ich in diesen Tagen besuche, bin ich das Entsetzen, der schlimmste Bote, der Würgeengel. Und glaube nur, es graut mir vor mir selbst, und nichts sehne ich mehr herbei als den Tag, an dem ich mich von mir erlösen darf."

„Und dennoch: Düster bin ich, aber voller Liebe. Und ein sanfter Atem gegen das, was diesem Haus noch heute widerfahren wird. Die Häscher sind schon unterwegs hierher."

Entsetzen tritt in die Züge Hannahs, als der Rabbi fortfährt: „Dein Mann hat gestanden. Hat unter der Folter zugegeben, wo es nichts zuzugeben gab. Dass er den Hussiten Waffen verkauft hat. Dass er Wucherzinsen genommen hat. Und, schlimmer noch, dass er den Gott der Christen in einer Hostie verspottet hat. Alles das hat er eingeräumt, zerrissen von Seilen, gezwickt mit glühenden Zangen, hat alles eingestanden, damit es aufhört. Nur, damit es aufhört."

Voll Mitgefühl blickt Rabbi Jona in die Augen der jungen Frau: „Hannah. Dein Mann lebt nicht mehr."

„Und in wenigen Stunden werden die Schergen des Erzherzogs hier sein und das Unterste zuoberst kehren. Und glaube mir: Sie werden keine Gnade kennen mit der Frau und den Kindern des Hostienschänders."

„Für dich kann ich nichts tun, Hannah, du musst selbst entscheiden. Aber ich flehe dich an: Gib mir die Kleinen. Ihre Leiber werde ich nicht retten, doch ihre Seelen kann ich zu Gott führen. Schnell wird es gehen, und schmerzlos, das verspreche ich dir. Es ist grausam, was ich von dir verlange. Aber es ist mehr an Gnade, als sie von den Männern des Herzogs erwarten können."

„Du bist schön, Hannah. Und deine Tochter blüht dir bereits nach. Was werden wohl die Soldaten mit euch anfangen? Und dein Sohn? Was wird ein Kind gegen eine rasende Meute ausrichten? Nichts, Hannah, nichts. Und sein Tod wird grausam sein."

„Lass sie mit mir gehen, und wisse, sie gehen nur voraus, zu schlafen den langen Schlaf. Doch am Ende der Zeit, wenn der Herr ruft, werden sie mit dir aufwachen, wieder vereint, zum ewigen Leben, wie der Prophet Daniel es uns sagt. Darum: Gib mir deine Kinder, Hannah, Witwe des Salomon. Rette eure Ewigkeit!"

Weinend ist die junge Frau an der Schwelle des Hauses zusammengebrochen. Wie ein Schatten gleitet der Rabbi an ihr vorbei. Wenige Minuten nur, und er tritt aus der Behausung, mit ihm die beiden Kinder.

Im Vorbeigehen drückt ihr Bub, ihr Nathan, ihr Augenstern das weiße hölzerne Pferd in ihre schlaffe Hand: „Hier Mutter, pass darauf auf. Ich werde es nicht mehr brauchen."

*In der Nachfolge Rudolfs IV. verstrickten sich die Habsburger in familieninterne Machtkämpfe – und mit ihnen die Stadt Wien, die es mal mit der einen, mal mit der anderen Partei hielt.*

*Den Höhepunkt erreichten die Streitigkeiten zu Beginn der 1460er Jahre, als die Stadt in die Auseinandersetzung zwischen Kaiser Friedrich III. und seinem Bruder, Erzherzog Albrecht VI., hineingezogen wurde. Nachdem kaiserliche Soldateska die Einwohnerschaft terrorisierte, belagerten Wiener Bürger im Herbst des Jahres 1462 die Hofburg, in der sich zu diesem Zeitpunkt die Herrscherfamilie aufhielt. Nicht nur war dies für Friedrich III. eine Demütigung, auch für seinen dreizehnjährigen Sohn, den späteren Maximilian I., sollten die Geschehnisse traumatisch sein. Beide behielten zeitlebens ein distanziertes Verhältnis zu Wien und residierten zumeist in den anderen Städten des Reiches.*

*Dies durchaus auch, weil Friedrichs unglückliche Ostpolitik zur Besetzung der Stadt und weiter Teile Niederösterreichs durch den ungarischen König Matthias Corvinus führte, der bevorzugt in Wien Hof hielt. Erst nach dessen Tod fielen Stadt und Umland an die Habsburger zurück.*

## 11.  **Einzug in Wien** (19.08.1490)

„Wien. Wien also wieder."

Nur die den König unmittelbar umgebenden Reiter können den Seufzer mehr ahnen als hören.

„Mein Wien? Nun, wir werden sehen."

Maximilian verbindet vieles mit dieser Stadt. Politisches wie Privates, Dynastisches wie Allerpersönlichstes. Nur: Es ist wenig Gutes darunter.

Die erste Erinnerung an Wien? Die eines dreijährigen Knaben. Eines Kindes, das verängstigt hinter den Röcken seiner Mutter Schutz sucht, derweil die Milizen seines Onkels Albrecht, sekundiert von aufgescheuchten Bürgern, die Hofburg mit Steinbüchsen beschießen. Erinnerungen also: an Furcht und Schrecken, vor allem aber an Hunger, Hunger und immer wieder und immer mehr Hunger während der wochenlangen Belagerung. Ein Bruderzwist im Hause Habsburg. Ein Trauma für Maximilian.

Den Matthias Corvinus hatte die Stadt, Jahre später, auf einige Monate nicht hereingelassen, hatte tapfer widerstanden, als seine Truppen auf die Mauern anrannten, immerhin. Aber dann, grade fünf Jahre ist es her, dann war die Zeit für die Rebenernte gekommen, und die Zeit, den jungen Wein zu verkaufen. Und da hatten die elenden Krämer beschlossen, den Ungarn doch hereinzulassen, damit der Krieg nicht ihr

Geschäft verdürbe. Wien, die Wiege und Lege der Habsburger Dynastie, war ungarisch geworden, eine unter vielen Städten, die der verstorbene König in den wenigen Jahren seines Lebens zwischen der Lausitz und Siebenbürgen zusammengerafft hatte.

Den Wienern war der neue Herr schlecht bekommen, auch wenn der Corvinus seine nunmehrige Residenz in den ihm noch auf Erden vergönnten Jahren prächtig auszustaffieren begonnen hatte. Aber sich gegen ihn erheben, als der Ungar der Stadt die Handelsvorrechte nahm? Sich wieder Habsburg zuwenden, als Matthias alles Geld aus der Kaufmannschaft herauspresste, wo immer er dessen habhaft werden konnte? Nichts da. Zuviel der Mühe.

Wenn es Gott in seinem Ratschluss nicht eingefallen wäre, den Besetzer ganz plötzlich und ohne Ankündigung - und vor allem: ohne legitimen Erben - just in diesem Frühjahr aus dem irdischen Leben abzuberufen, die Bürger hätten sich wohl weiter abgefunden und fein stillgeschwiegen.

Nun, es war anders gekommen, und so schnell, wie der Hunyadi sein Reich errichtet hatte, war es wieder in sich zusammengefallen. Österreich war einmal mehr gut habsburgisch. Und Wien, ob es Maximilian nun gefällt oder nicht, Wien ist wieder die vornehmste unter den Städten der Erblande. Nicht Neustadt, nicht sein geliebtes Innsbruck.

„Meine lieben Wiener haben sich recht schnell mit mir arrangiert. So wenig sie uns in den letzten Jahren die Treue gehalten haben, so bereitwillig haben sie uns nun die Tore geöffnet. Die Freuden- und Ehrenpforten." Maximilian muss lachen, da er die begeisterte Menge sieht, die sich da an sein Gefolge herandrängt.

Aber die gute Laune flackert zu kurz. Nicht nur, dass beim Abzug der Ungarn aus Wien auf der Burg eine Besatzung von vierhundert Soldaten zurückgeblieben ist, die es recht bald zu vertreiben gilt: Die Bürger, allen voran der Rat, werden wohl auch in Zukunft Probleme bereiten. So schnell sie ihn heuer hereingelassen haben, so sehr sie jetzt jubeln mögen - die Rechnung dafür werden sie ihm noch präsentieren. Da ist sich der junge Fürst sicher.

Und Rechnungen begleichen, das ist Maximilians Sache nicht.

„Lass sie nur kommen, die Herren Händler und Weinbauern und sich schadlos halten wollen. Ich werde ihnen schon zeigen, mit wem sie es von nun an zu tun haben. Alles Rafferei, Missgunst und Gier hier, da wird es Zeit, ein wenig burgundische Ordnung an die Donau zu bringen."

„Ach, Maria." Unvermittelt steigen Maximilian mitten im fröhlich-lauten Getümmel die Tränen in die Augen, als er sich der Frühverstorbenen erinnert. „Maria, geliebte Frau. Könntest du jetzt an meiner Seite sein, wir wollten diese Stadt so ganz nach Herzenslust von rechts auf links drehen."

Kurz zuckt die Hand, als wolle er neben sich greifen. Dann fängt sich der König der Römer, der Erzherzog der Österreicher, der Herr der Wiener wieder. Stolz richtet er sich im Sattel auf.

Diese Aufgabe wird er allein bewältigen müssen.

Maximilian mochte sich als großer Kriegsherr gefühlt haben, als letzter Ritter und erster Landsknecht, sein nachhaltigstes Verdienst ist aber ein durchaus friedliches: Mit seiner geschickten Familienpolitik erweiterte er den Herrschaftsbereich der Habsburger und begründete den legendären Ruf des Hauses, sich seine Macht nicht zu erkämpfen, sondern zu erheiraten.

Er selbst hatte 1477 Maria von Burgund geehelicht und damit dieses reiche Land an das Haus Habsburg gebracht. Dass man sich damit Frankreich zum Feind machte, wurde billigend in Kauf genommen, sollte sich aber langfristig als problematisch erweisen, weil Paris im Gegenzug seine Verbindungen zum Osmanischen Reich intensivierte und dessen Expansionsversuche, wo nicht förderte, so doch duldete.

Die 1496 zwischen Maximilians Sohn Philippe und der spanischen Königstochter Johanna von Kastilien geschlossene Ehe brachte letzten Endes die Casa d'Austria auf den spanischen Königsthron.

Für Wien noch bedeutsamer war die Erweiterung in Richtung Osten, nach Böhmen und Ungarn, die dann mit Maximilians Enkelgeneration angebahnt wurde. 1515 fand in der Stadt ein Fürstentag statt, an dem neben dem Habsburger auch Vladislaw II., König von Böhmen und Ungarn, und Sigismund I., König von Polen-Litauen teilnahmen. Im Rahmen dieser Veranstaltung wurden Ludwig, der Sohn Vladislaws, und Maria, die Enkelin Maximilians, sowie Ludwigs Schwester Anna verheiratet. Letztere kurioserweise, ohne das klar gewesen wäre, mit wem eigentlich. Maximilians Enkel Ferdinand war zur Thronfolge in Spanien vorgesehen und außer Landes, und sein zweiter Enkel Karl war an Mary Tudor, die Schwester Heinrichs VIII. von England, versprochen. Da erst die Zukunft zeigen würde, welcher dieser Pläne erfolgreich wäre, heiratete der damals immerhin schon 56 Jahre alte Kaiser die 12-jährige Anna erst einmal pro forma selbst.

Letzten Endes sollte übrigens Ferdinand derjenige welcher sein. Und da der ungarische Ludwig im Kampf gegen die Osmanen fiel, Ferdinand, inzwischen römisch-deutscher Kaiser, Wien aber bei der Belagerung 1529 zu halten vermochte, kamen, wenn auch mit einigen Umwegen, Böhmen und Ungarn an Habsburg.

## 12.  **Tu felix austria nube** (22.07.1515)

Wieder einmal rufen die Glocken von St. Stephan die Stadt zum Fest.

Fast eine Woche reihen sich schon die Empfänge, Turniere, Gastmahle, Festgottesdienste und Prozessionen aneinander wie die Perlen am Rosenkranz, seit dem Tag genau, an dem die drei Herrscher sich auf dem Hartsfeld unter dem Birnbaum getroffen haben: der alternde Vladislav Jagiello, König von Böhmen, Kroatien und Ungarn, der starke, schöne Sigismund, König von Polen und Großfürst von Litauen - seine Qualitäten als Liebhaber habe sich unter den Damen herumgesprochen, so dass er sich vor Einladungen zum Stelldichein in verborgenen Alkoven oder nächtlichen Bosketten kaum retten kann - und er. Er, der schillernde Held des Reiches und der Augenstern der Wiener, Maximilian. Mit inzwischen sechsundfünfzig Jahren überragt, vielmehr noch: überstrahlt der Kaiser die beiden anderen Herrscher, ist Zentrum aller Gespräche, aller Vermutungen und Gerüchte, die dieser Tage in der Stadt umgehen. Und so wenig eins sich die Leut auch über seine Politik im Allgemeinen und über seine Absicht den geladenen östlichen Nachbarn gegenüber im Besonderen sind, herrscht doch (außer bei den genannten Dämchen in den Alkoven und Bosketten) Einigkeit darüber, dass ihm, obschon sein berühmtes goldblondes Haar inzwischen deutlich sichtbar von silbernen Fäden durchzogen ist, an Majestät und Würde niemand gleichkommt.

Und weil er nicht nur all die Festlichkeiten der letzten Tage spendiert und, mit Hilfe der treuen Fugger, ausnahmsweise einmal auf Heller und Pfennig bezahlt hat, sondern weil er zudem neben den Fürsten, die aus allen Teilen der Reiches zusammengekommen sind, auch die Wiener Bürger üppig daran teilhaben lässt, feiert die Stadt den Regenten an diesen Sommertagen auf das Ausgiebigste: Jubel schallt auf, wenn sich seine Farben in den Straßen zeigen, und wenn er selbst - hoch zu Ross oder in golden ausgeschlagener Sänfte - seinen Weg durch die Gassen nimmt, drängt eine solche Menschenmenge zusammen, dass es schon Verletzte und, so die Gerüchte, die Tratschereien in den abendlich aufs Beste gefüllten Schänken stimmen, wohl auch Tote gegeben hat.

Ohne derartig betrübliches Vorkommnis, aber doch inmitten einer wie toll "Vivat" jubelnden, dicht sich drängenden Menge, zieht der Herrscher auch heute, am sonnigsten Sonntag des Monats, am heiligen Magdalenentag, nebst all seinen Fürsten und Rittern, seinen Höf- wie auch Bücklingen, Musikern und Landsknechten den kurzen Weg zwischen Hofburg und Kirche.

Vor dem Portal des Domes erwartet ihn schon eine ebenso festliche Gruppe. Neben den beiden anderen Königen stehen, mit Gold und funkelnden Edelsteinen übersät wie die Reliquienkästchen, im hochsommerlichen Glast der Sonne mehr schmelzend als prunkend, somit eher das Mitleid als den Neid der umstehenden Hochwohlgeborenen heischend, drei – man kann sie nicht anders nennen - Kinder. Die neunjährige Maria, geliebte Enkeltochter und inniges Ebenbild ihrer ach, so früh verstorbenen Großmutter (diese Wunde in Maximilians

Herzen will und will nicht heilen), die er aus dem fernen Mechelen in den habsburgischen Niederlanden hat herbringen lassen. An ihrer Seite, hin und wieder schüchtern die Hand seiner Kindbraut haschend, der gleichaltrige Ludwig, ein zarter Bub, Erbe der Throne zwar von Böhmen und Ungarn, doch wenig Gutes, wenig Hoffnungsvolles verheißend. Hinter ihm, zwei, bald drei Jahre älter und somit in den Augen der Umstehenden fast schon eine erwachsene Frau, Anna, seine Schwester.

Ihr ist für diesen Tag eine ganz besondere, wenngleich mehr als wunderliche Ehre zugedacht: Während die beiden Jüngeren miteinander verlobt werden, wird an ihrer Seite Maximilian selbst zum Altar schreiten. Allerdings nicht für sich, der alternde Herrscher ist sich seiner Jahre und der damit einhergehenden Unschicklichkeit einer solchen Verbindung durchaus bewusst, sondern im Namen eines seiner Enkel. Karl oder Ferdinand.

Karl oder Ferdinand? "Oder"? Die Wiener können sich die Mäuler gar nicht genug zerreißen über dieses "oder". Wie kann man denn ein "oder" heiraten? Wie kann man so grausam sein, das schöne junge Mädchen vor den Altar zu schleppen - und es dann einem "oder" zu verbinden? Und so mischt sich zwischen die Hochrufe der Umstehenden doch Verwunderung beim Anblick dieses seltsamen Aufgebots.

Hoch über den Köpfen seiner Untertanen schaut Maximilian aus seiner Prunksänfte auf die Menge herab. Das Gemurmel entgeht ihm durchaus nicht, aber nichts kann, nichts darf ihm die gute Laune des Festtags trüben, dieses Tages, der sein

Lebenswerk krönen wird. Karl, Ferdinand? Eine politische Entscheidung, die zu treffen sein wird, wenn beide den Kinderschuhen entwachsen sind. Anna wird sich heute damit abfinden müssen. Karl oder Ferdinand eben.

Was die Wiener nicht verstehen, und selbst von seinen Herren und Räten nur die allervertrautesten: Mit diesen Kindern, mit diesem "oder" sichert Habsburg sich die Zukunft. Morsch, wie der Stamm der Jagiellonen ist, ist es nur eine Frage der Zeit, ehe durch diese Verbindungen Böhmen und Ungarn an Österreichs Herrscherhaus fallen werden. Und Maximilian will sich alle Optionen offenhalten.

Denn stark und kinderreich blüht Habsburg. Sein Sohn Philipp - Gott habe ihn selig - hat ihm durch seine Ehe mit der wahnsinnigen Johanna schon Spanien eingebracht. Und der heutige Tag wird dem Haus endgültig die Vormacht unter den Fürsten Europas sichern.

Ohne einen Schuss Pulver. Andere mögen Kriege führen. Du, glückliches Österreich, heirate.

# Renaissance, die neue Zeit

*Seit der Mitte des 14. Jahrhunderts hatte sich das Osmanische Reich als militärische Macht auf dem Balkan etabliert. Sultan Süleyman I. trieb die Expansion nach Westen, nach Ungarn voran. 1526 kam es zur entscheidenden Schlacht bei Mohács, in der der ungarische König Ludwig II. fiel. Erzherzog Ferdinand trat auf Grundlage des Vertrags von 1515 seine Nachfolge an, konnte sich aber gegen Teile des ungarischen Adels nicht durchsetzen, die den Woiwoden von Siebenbürgen, Johann Zápolya, zum König wählten. Um sich gegen Österreich abzusichern, unterstellte dieser Ungarn ab 1528 dem Schutz des Osmanischen Reiches. Süleyman nutzte die neue Machtbasis, um 1529 auf Wien zu marschieren.*

*Als Mitte September die ersten Truppen in Stadtnähe gesichtet wurden, flüchteten viele Bürger aus der Stadt, allen voran die Stadtmiliz. Zurück blieben die Stadtgarnison, unterstützt von spanischen und deutschen Landsknechten sowie gut 100 Lanzenreitern unter dem Befehl des Pfalzgrafen Philip von Pfalz-Neuburg. Insgesamt immerhin ca. 17.000 Verteidiger – gegen 100.000 Soldaten auf osmanischer Seite.*

*Doch das Wunder geschah: Zwischen dem 27. September und dem 15. Oktober gelang es dem Sultan nicht, Wien einzunehmen – die Mauern und vor allem die Moral der Verteidiger unter Führung von Niklas Graf Salm und Hofmeister Wilhelm von Rogendorf hielten Stand. Wien war für das Erste verschont geblieben, aber die* osmanischen Truppen, die weiterhin vom nahen Ungarn aus operieren konnten, blieben eine ständige latente Bedrohung. Es begannen die 150 Jahre der „Türkengefahr".

## 13. Brief eines rheinischen Landsknechts (18.10.1529)

Ming Griet,

Gott, der Heiligen Jungfrau Maria und den Heeren der Engel sei es gedankt, dass ich dir in diesem Brief zu schreiben vermag, dass ich unverletzt und an allen Gliedern heil bin, nur ein wenig hungrig vielleicht. Und kalt.

Kalt, denn, nachdem es in den letzten Wochen schon gestürmt und geregnet hat, dass man hat meinen können, der Herr wolle eine zweite Sintflut über Wien sich ergießen lassen, hat es nunmehr am heutigen Nachmittag zu schneien begonnen. Denk dir, Schnee am 18. Oktober! Ich hoffe, Du hast es im fernen Cöllen noch recht warm, nicht so wie hier, wo die Feuchte mir in die Glieder schießt und mich husten, prusten und rotzen macht.

Aber ich will mich nicht beklagen. Denn immerhin, ich lebe noch.

Und danach hat es lange Zeit nicht ausgesehen, vor kaum drei Tagen hätte ich keinen Gulden auf diese Stadt, geschweige denn auf mein eigen Leib und Heil setzen mögen, so entsetzlich haben der Sultan Selleyman aus dem fernen Konstantinopel, dass sie jetzt Istanbul nennen, und seine hunderttausend Soldaten uns allen zugesetzt.

Drei lange Wochen haben wir um Wien und um unser Leben kämpfen müssen!

Zuerst haben Selleymans wilde Reiter und Mordbuben Jagd gemacht auf jeden, der sich vor den Mauern blicken ließ. Da haben wir die Vorstädte niedergebrannt und niemand mehr hat sich aus dem Tore getraut.

Dann haben sie mit ihren Kanonen auf und über die Bollwerke hinweg in die Stadt geschossen. Umhergehüpft wie die Frösche sind die Kugeln auf den steinernen Wegen und haben Tod und Verwüstung gebracht. Da haben wir die Straßen aufgerissen, und die Kugeln sind vom Himmel durch den Wiener Schlamm hinab in die Hölle gefahren, ohne viel Schaden anzurichten.

Da nun die Mauern ebenso standhielten, verwandelte sich des Sultans Heer in eine Rotte Maulwürfe, die gruben und gruben, bis sie unter den Wällen angekommen waren. Mit Pulverminen wollten sie die Tore zum Einsturz bringen. Aber, den Erzengeln sei Dank, ein wackerer Christenmann aus dem Lager der Feinde, der nicht erleben mochte, dass die Heiden diese allerchristlichste Stadt einnehmen, schlich sich des Nachts zu uns und verriet den üblen Plan. Da haben wir, glaube mir, eine tolle Jagd veranstaltet über und unter der Erde.

Indes, vor einigen Tagen haben sie es doch geschafft und am Kärntnertor eine breite Bresche gesprengt. Das aber war mit solchem Lärm vorbereitet, dass wir sie wiederum hatten kommen hören. Grade in unsere Spieße sind sie gelaufen, Mann und Mann, und die Leichen haben sich vor dem Tor gehäuft, bis die Heiden es darangaben und flohen. Hunderte mussten sie im Blut liegen lassen, bei uns aber, ein wahres

Wunder, starb nur ein Spanier, der sich übermütig von einer Zinne gezeigt hatte.

Da hat auch der Sultan einsehen müssen, dass Gott seine Stadt vor den Horden der Heiden zu schützen weiß, und er befahl den Abzug. Noch mag ich es nicht zur Gänze glauben, aber es scheint so, als sei es vorbei.

Denk dir: Wir, der wilde Haufen vom Kärntnertor, sind jetzt die Helden der Stadt! Hochleben lässt man uns, und schenkt ein, was noch an Wein und Bier in den Kellern zu finden ist.

Sogar ein neues Wams habe ich geschenkt bekommen, von Wolle, grad recht für den kommenden Winter, und ganz in Rot, nur an den Armen mit Gelb geschlitzt. Stolz wärst du, könntest du mich darin sehen. Einen breiten Bart trage ich jetzt auch vor der Brust, nach Landsknechts Sitte eben, dass du mich kaum erkennen würdest, stünde ich unversehens vor dir. Von dem armen Schulmeisterlein, das du in Cöllen gekannt, ist nur wenig geblieben. Aber immerhin, dass ich schreiben kann, und nicht nur dreinschlagen mit Spieß und Schwert, auch wenn mich die Feder zu halten immer mehr sauer ankommt.

Ach Griet, so vieles möchte ich dir noch erzählen, jedoch der Abend kommt, und eine Kerze oder nur ein Kienspan sind kaum zu bekommen in dieser verheerten Stadt. Und doch: Das Schlimmste scheint vorbei, und du musst nicht mehr um mein Leben fürchten.

Ich werde hier den Winter ausharren, aber wenn der Frühling kommt und die Wege frei von Eis und Guss sind, will ich mich aufmachen von der Donau heim an den Rhein. Dann werden wir abends wieder zusammensitzen beim Bier, und ich werde dir alles noch einmal recht genau erzählen, wie es war, als der Sultan kam und die Janitscharen um den Goldenen Apfel zu pflücken und wie wir sie davon jagten, mit nichts als dem Regen, dem Schnee und dem Tod als Beute.

Zünde eine Kerze für mich in Sankt Kolumba an, wenn Du hingehst, und bete für mich, bis wir uns wiedersehen. Ich will es für dich hier ebenso halten.

Wien, am Tage des heiligen
Evangelisten Lucas AD 1529,

Johannes, den die Kameraden
den Scholaren schimpfen.

*Aber nicht nur der Orient schaute in Wien vorbei, das 16. Jahrhundert war allgemein vom Drang, Grenzen - geografische wie geistige – zu überwinden und die dahinter liegenden Welten zu erkunden, geprägt. Es war kaum 50 Jahre her, dass Christoph Kolumbus dem Globus neue Weiten geschenkt hatte, und 1517 schlug Martin Luther seine 95 Thesen an die Tür der Schlosskirche zu Wittenberg und öffnete damit dem noch im starren Korsett des Mittelalters gefangenen christlichen Glauben neue Horizonte.*

*Im Alltag, auch im höfischen, manifestierte sich dieser Aufbruch zunächst eher gedämpft, eher spielerisch. Die Mode wurde freier, schwingender, bisweilen kokett. Komponisten wie der Flame Isaac, später der Engländer Dowland, der Deutsche Haßler holten die Musik ins bürgerliche Zuhause. Überhaupt: das Bürgertum! Es begann die große Zeit der Kaufmannschaft, der transkontinentalen Bankgeschäfte und des regen Handels mit Orient und Okzident gleichermaßen, die Epoche der Fugger und der Welser.*

*Wien indes ging einen anderen Weg: Es mauerte sich ein.*

*Und dies nicht nur im wörtlichen Sinne – im Nachklang der osmanischen Belagerung wurde die Stadtbefestigung massiv ausgebaut – sondern auch im geistigen. Insbesondere Kaiser Ferdinand I. vertrieb das Wiener Bürgertum aus dem städtischen Rat und baute die bisherigen autonomen Strukturen Zug um Zug zur zentralen Verwaltung des Habsburgerreiches um. Die bis heute fortdauernde Prägung Wiens als Beamtenstadt nahm in dieser Zeit ihren Anfang. Man fühlte sich sicher und beschied sich.*

*Und so waren die Wiener doch sehr überrascht, als am 06.03.1552 plötzlich ein neuer Soliman vor dem Kärntner Tor stand.*

## 14.  Soliman erobert Wien (06.03.1552)

„Jessesmariaundallihrzwölfheiligennothelfer!

Er wird stecken bleiben."

„Vierzehn, Karli, vierzehn."

„Wie? Was?"

„Vierzehn. Es sind vierzehn Nothelfer: Barbara mit dem Turm, Margareta mit dem Wurm, Katharina mit dem Radl ..."

„...das sind die drei heiligen Madl. Und drei Ritter, ein Arzt und so fort. Ich weiß, Beppi, ich weiß, aber um die geht's doch gar nicht. Er wird uns das Tor einreißen!"

„Du hast zwölf gesagt! Zwölf, was falsch ist. Vierzehn hättest du sagen sollen. Und warum schreist du überhaupt?"

„Na, schau halt hinaus! Das Ungeheuer!"

„Prinz Max? Wie redst Du von seiner allerhöchsten ... Allmächtiger!"

Der alte Torwächter ist neben seinen jungen Kollegen an die Mauer der zum Schutze des Kärntner Tores neu errichteten Bastei getreten und, nach einem raschen Blick auf den sich grade in diesem Moment zum Einzug in die Stadt sammelnden Festzug des erst vor Kurzem aus Spanien zurückgekehrten Thronfolgers, entsetzt zurückgesprungen.

Unter ihm hat sich, direkt vor dem schmalen Durchgang durch die Wehrmauer, etwas Großes, Graues, mit langen weißen Hauern gefährlich Auftrumpfendes positioniert. Listige Schweinsaugen, aber tellergroß, blicken zu ihm hinauf, und aus einer überlangen Nase, die sich vor den baumstammdicken Beinen des Ungetüms bis fast auf den Boden rollt, ertönt ein Schnauben, das den wackeren Torwächter an die Posaunen des Jüngsten Gerichts gemahnt.

„Himmel, der Beelzebub!"

„Das ist der Soliman, du Narr." Erschreckt fahren die beiden Wachen herum, als sie die Stimme vernehmen. "Und natürlich wird er durch unser Tor passen."

Ein reich gekleideter Herr hat sich zu ihnen auf die Ausschau gesellt.

„Doktor Lazius!"

Karli, oder - wie sein eigentlicher Familien- und Taufname lautet - der Seidler Karl Alois, hat den Leibarzt des Kaisers sofort erkannt, gar so deppert ist er nämlich nicht, wie sein Kumpan, der Mayr Joseph Maria ihn immer glauben machen will.

„Doktor Lazius. Was bringt euch her?"

„Nun, ich will mir meinen neuen Schützling schon einmal anschauen, ehe er mit dem Erzherzog und der hochehrwürdigen Prinzessin Maria in die Stadt einzieht."

„Schützling? Ihr meint das Ungetüm ..."

„Den Elefanten, ja. Seine Hoheit hat das Tier zum Geschenk erhalten und ihn den ganzen Weg von Hispanien hierher mitgebracht, dass ihr bei seiner Rückkehr was zu gaffen habt. Wir, die löbliche Wiener Universität und ihre Herren Doctores, sind zu seinem Schutz und zu seiner wissenschaftlichen Examination bestellt. Im Übrigen seid unbesorgt - der kaiserlichen Hoheiten Kammerdiener hat mir höchsselbst versichert, dass der Soliman ein von Grund auf gutes und treuherziges Tier ist."

„Ein wampertes Vieh ists allemal, Exzellenz." Auch der Beppi hat inzwischen seine Stimme und seinen Mut wiedergefunden und einen zweiten Blick über die Mauer riskiert. "Und ihr meint wirklich, der passt da hindurch?"

„Wird schon, alter Mann, wird schon. Aber wenn's doch zu eng wird, müssen du und der Karl halt hinunter und von hinten recht schieben und drücken. Wäre ja noch schöner, dass Wien um seinen ersten Elefanten käme, weil er im Kärntner Tor steckenblieben ist. Wäre ja noch schöner ..."

*Dass Wien ab dem 16. Jahrhundert immer mehr in den Zugriff der Habsburger und des Hofes geriet und das Bürgertum, das seit dem Mittelalter die Geschicke der Stadt gelenkt hatte, zunehmend marginalisiert wurde, zeigte sich im Umgang mit dem wohl kontroversesten Thema der Epoche, der Reformation.*

*Wie die meisten großen Städte und die Reichsfürstentümer war die Bevölkerung Wiens in den 1620er Jahren mehrheitlich protestantisch, die Habsburger als Stadtherren blieben hingegen beim katholischen Glauben. Auch wenn deshalb ab 1523 ein Verbot der Verbreitung der Schriften Luthers galt, war die Situation während der Regentschaft Kaiser Maximilians II. von Toleranz geprägt. Man arrangierte sich.*

*Nach seinem Tod im Jahr 1576 änderte sich dies grundlegend. Unter seinem Nachfolger Rudolf II. wurde im folgenden Jahr der öffentliche protestantische Gottesdienst in Wien verboten und die Gegenreformation setzte einen Propagandafeldzug gegen die noch in der Stadt verbliebenen Lutheraner in Szene. Kein Missstand, der nicht durch die Ketzer entstanden wäre, kein Unheil, mit dem Gott nicht mahnen wollte, endlich zum rechten Glauben umzukehren.*

*Da bebte im September 1590 die Erde.*

*Mit einer geschätzten Magnitude 6 war dieses Beben das stärkste, das Wien je heimsuchte, es gab beträchtliche Gebäudeschäden. Die Türme der Michaelerkirche und des Schottenstifts stürzten teilweise ein, und in der Rotenturmstraße brach das Gasthaus „bey der güldenen Sonne“ in sich zusammen. In die aufgeheizte Stimmung der Zeit hinein wirkte dieses Vorkommnis wie ein Fanal, wie eine Vorstufe zum Jüngsten Gericht. Gott schien die säumigen Bürger mit größtem Nachdruck zu mahnen!*

## 15. Die Sage von der Güldenen Sonne zu Wien
(15.09.1590)

Am Nachmittag schon hatte es begonnen, dieses Dröhnen und Beben aus den Tiefen der Erde. Dieses Aufplatzen der Pflaster, dieses Knirschen der Mauern, dieses erbärmliche Geschrei biegenden Eisens von den Kirch- und Wehrtürmen herab. Wo eben fester Grund war, sprudelte mit einem Mal Wasser, und Sand und Scholle verflüssigten sich und schwammen Richtung Donau hinab, wo die auf- und absteigenden Wellen des wütenden Stromes sie gierig aufleckten und in die feuchte Tiefe rissen.

Nur wenige Sekunden waren es gewesen, und dennoch schien es, als hinge seit diesem Moment die Natur schief in ihren Angeln. Dumpf-modriger Gestank lag über der Stadt und – das mutete den Wienern das schlimmste aller Zeichen an – die Tiere, soweit nicht angebunden oder eingepfercht, waren verschwunden. Die Katzen hatten sich unter den Heuballen in den Ställen verkrochen, die Hunde unter den Schwellen der Häuser. Eine ganze Koppel Pferde hatte man durch einen Riss, der sich in der Stadtmauer aufgetan hatte, in Richtung Donau jagen und in den Auen verschwinden sehen.

Auch die Vögel waren mit einem Mal verstummt, aller Laut kam von den Menschen, die aus den Häusern aufgeregt auf die Straße drängten, um sich vor dem herabfallenden Putz und den splitternden Balken in Sicherheit zu bringen.

Den dicken Georg, den Wirt des Gasthofs „Zur güldenen Sonne" hatte es nebst seinem Eheweib Elisabeth, der Köchin und dem Schankmädchen auf die Straße, die zum Rotenturmtor führte, hinausgetrieben. Nur die Kaufleute, gestern erst aus Linz angekommen, waren seelenruhig am Tisch im Schankraum sitzengeblieben. Man kenne so etwas, und man lasse sich von derlei nicht irre machen, hatten sie den Flüchtenden spöttisch hinterhergerufen, und: Man handle mit dem Welschland, wo solche Beben an der Tagesordnung und gar nicht zum Fürchten seien.

Und sie schienen recht zu behalten. Nach kaum einer viertel Stunde lag die Stadt, als wäre nichts geschehen. Das Wasser verschwand, Land trat wieder hervor wie am dritten Schöpfungstag, und der elende Geruch begann, sich im ewigen Wiener Wind zu verflüchtigen.

Doch ach! Eben als die Menschen in ihre Häuser zurückkehrten, und als von St. Stephan und von St. Rupert die sechste Stunde schlug, brach das Unheil zum zweiten Mal über die Stadt herein, heftiger noch als zuvor, und die guten Leute flüchteten Hals über Kopf wieder hinaus ins Freie.

Alle, bis auf die Linzer Kaufleute. Diese riefen erneut den Rennenden hinterher, dass es doch auch beim ersten Mal gut gegangen sei, und man sich also nicht sorgen müsse. Und dass es im Reich der Osmanen, mit dem sie ja häufigen Handel trieben, oft viel heftiger bebe und dass dennoch zu Istanbul niemand aus dem Haus jage. Und dass die Wiener eben ein feiges Volk von Hasenfüßen seien.

„Recht haben sie.", hatte da die Elisabeth gesagt und war unverzüglich nebst Köchin und Schankmädchen in die Küche zurückgekehrt, wo sie eben im Begriff gewesen waren, das Abendmahl für die Kaufleute zu kochen. Ein exzellentes Mahl, mit Gans und mit Karpfen und insgesamt sieben Gängen, denn die reichen Handelsherren zahlten gut. Und da wollte sie die Speise nicht auf dem Herd verbrennen lassen, zumal sie das Geld bitter nötig hatten in der Güldenen Sonne.

Auf der Straße vor dem Wirtshaus ging es inzwischen toll zu wie im Jesuitentheater, hatte das hervorbrechende Wasser doch diesmal nicht nur Schmutz und Unrat die Gasse bei den Griechen herabgeschwemmt, sondern auch einige der adeligen Fräuleins aus dem Laurenzerkloster. Wie ein Haufen aufgescheuchte Gänse waren sie vor dem Rotenturm auf und ab gerannt, die gefalteten Händchen zum Himmel gereckt und hatten geschrien, dass dies nun ganz gewiss das Jüngste Gericht sei und dass sie bereuten, bereuten, bereuten, und allerlei anderes wirres Zeug.

Allein, das Weltgericht schien doch auch dieses Mal auszubleiben. Sieben Uhr war es geworden, acht, neun Uhr – und die Erde blieb stumm. Erleichtert waren die Menschen in ihre Häuser zurückgekehrt: Gott hatte die Stadt wohl zwar mahnen, aber nicht zerstören wollen.

Auch Georg stand inzwischen wieder hinter seinem Tresen. Die Linzer Kaufleute hatten sich das Essen schmecken lassen und saßen zechend an einem der Tische. Sein Weib und das Schankmädchen hatten sich zu ihnen gesellt. Mit Missvergnügen sah der Wirt zu, wie die beiden den Fremden schöntaten und dafür mit Taler um Taler belohnt wurden.

„Lass es gut sein, Elisabeth.", zischte er seiner Frau zu, als diese um einen neuen Krug Wein zu ihm kam. Aber sie hatte nur gelacht.

Gelacht. Keckernd und höhnisch. Gelacht! Und ihn einen armen Teufel und einen eifersüchtigen Hanswurst und einen Schlappschwanz im Bett genannt.

Mit einem Ruck riss er sie an sich: „Zur Hölle mit Dir, Weib."

Was dann geschah – Georg wird es seinen Lebtag nicht verwinden: Einen urgewaltigen Schlag hatte es getan, und ein Luftstoß hatte ihn gepackt und durch das Fenster aus dem Haus geworfen. So hart, dass ihm die Sinne schwanden, noch ehe er auf dem Pflaster aufschlug.

Als er wieder zu sich kam, war es ein neuer Tag.

Ächzend erhob er sich aus dem Schutt, der überall die Erde bedeckte. Er wischte sich den Staub aus den Augen und blickte hinüber zu seinem Gasthof. Die Güldene Sonne war verschwunden. Und mit ihr sein Weib, die Köchin, das Schankmädchen und die Linzer Kaufleute.

*Im Zuge der Gegenreformation holte Ferdinand I. 1550 die Jesuiten nach Wien. Sie wurden in den nächsten Jahrzehnten prägend für das geistige Klima in der Stadt, zumal Kaiser Rudolf II., der ihnen misstraute, seine Residenz 1583 nach Prag verlegt hatte. Sein Nachfolger, Kaiser Matthias, regierte wieder von Wien aus. Welch groteskes Ausmaß inzwischen die Glaubensfrage angenommen hatte, zeigte sich auch in seiner Frau Anna, die einen geradezu exzessiven Katholizismus mit stundenlangen Messen, privaten Andachten, Fasten und Selbstgeißelungen lebte. Als sie 1617 starb, verfügte sie testamentarisch die Gründung eines Kapuzinerklosters und die Errichtung einer Gruft für sich und ihren Mann. Sie legte damit das Fundament zur heutigen Kapuzinergruft.*

## 16.  Kaiserin und Kapuziner (15.12.1618)

Seit Tagen und Nächten geht es nun so, und kaum einer der Anwesenden vermöchte zu sagen, ob in dieser ungetümen wachsgelben Raupe, diesem aufgequollenen Zerrbild dessen, was einstmals ein Mensch gewesen sein muss, noch ein Funken Leben sei, käme nicht, von immer längerem, matteren Schweigen ins Unerträgliche gestreckt, dann und wann doch ein Keuchen aus dem zu Boden gekehrten Schlund: „Mehr, mehr. Es ist nicht genug."

Seufzend erhebt sich einer der im Dunkel des Raumes fast unsichtbar zusammengekauerten Gestalten. Im Licht der wenigen Kerzen, die um die sich am Boden Windende aufgestellt sind, ist erkennbar: ein Kapuzinermönch, der jetzt langsam, unwillig herbeischlurft. Seinem Orden ist die Gnade, die Ehre, die Pflicht zugekommen, der Kaiserin Anna in ihrem letzten Kampf zur Seite zu stehen.

Teuer hat sich die hohe Frau den geistlichen Beistand der braunen Kutten erkauft, nicht zuletzt mit ihrem Testament, in dem sie den Orden, dem sie sich seit Kindertagen verbunden fühlt, mit reichem Grund am Mehlmarkt, in unmittelbarer Nähe der Residenz, mit der Überlassung ihrer kostbaren Reliquiensammlung und mit einem üppigen Geldsegen bedenkt. Zweiundzwanzigtausend gute Gulden, dazu gedacht, ihr Gruft und Gedächtnis in der noch zu erbauenden Kirche zu sichern.

Seufzend also erhebt sich der so teuer Erkaufte, tritt an die am Boden zum Kreuze Ausgestreckte und zieht aus seiner Kutte die Geißel.

Es ist ein schauerliches Ritual, welches nun erneut, zum wiederholten, wiederholten und über Jahre immer wieder durchlebten und in sich immer steigerndem christlichen Entzücken wollüstig genossenen Male anhebt. Ein Ritual, das die Kaiserin durch ihr ganzes Leben gepflegt hat, dem sie sich hingegeben hat in all den Momenten, in denen sie sich hatte eingestehen müssen, gefehlt, versagt zu haben. Gefrevelt zu haben an ihrem Glauben, gesündigt zu haben an ihrem Gott. Für alles das konnte es nur eine Buße geben: Im körperlichen Leid dem geliebten Heiland nahezukommen.

Mit gewandter Geste hebt der Mönch das Marterinstrument und lässt es mit langgeübtem, kurzheftigem Zucken auf das nackte Gewirr von Narben und blutigen Striemen zu seinen Füßen niederfahren.

„Mehr, mehr!"

Noch einmal peitschen die silbernen Kugeln ins nackte Fleisch.

„Schlag zu! Oh Heiland! Schlag!"

„Herrin, es ist genug. Der Herr sieht Euer Bemühen. Schont euch."

„Narr!" Aus der Pfütze von goldenem Brokat, rotem Blut, von Schweiß und braunem Urin schießt, mit kaum mehr erwarteter Kraft, eine fette Hand und umklammert den Knöchel des Kapuziners. „Was schonen, es rast aufs Ende. Also red' du nicht, höre mir gut zu. Aber erst, roll mich herum und schiebe mir ein Kissen unter."

Klar, wenn auch zart, ist die Stimme der Sterbenden, vorbei das brunftige Röcheln und Keuchen. Auf dem fahlen Wachs der feisten Wangen und des mächtigen Doppelkinns treten bedenkliche rote Flecken hervor, aber in den Augen, den schönen, immer noch jugendlichen Augen, blitzt wieder südländisches Feuer. Mit einer alle überraschenden Leichtigkeit richtet sie sich gegen das eilend herbeigeschleifte Kissen auf, wie kleine Schlucke kostbarsten Elixiers geht ihr der Atem:

„Als Kaiserin habe ich gefehlt, hab' keinen Erben für Habsburg."

„Fruchtlos bin ich, alter Weinstock."

„Als Christ auch, gefehlt."

„Die Luther'schen sind immer noch. Hier."

„Und im Osten. Die Osmanen"

Leiser und leiser werden Annas Worte.

„Kapuziner, komm näher. Gott wird mich richten, nicht mehr du. Du trag' nur Sorge, dass ich ruhen kann, tief unten, unter der Erde. Da, wo's warm ist. Da, wo man mich schlafen lässt. Mach' mir die Gruft bereit."

Tränen treten ihr in die Augen.

„Mach sie bereit, Mönch, versprichst du das?"

„Ja, Herrin, wir werden dich hüten."

Die Ahnung eines Lächelns.

Dann, kaum mehr vernehmbar:

„S'ist gut, Mönch. S'ist alles gut".

# Das Barock, Wiens goldene Jahre

*Die irrlichternde Politik des Hauses Habsburg hinsichtlich der Religionsfrage führte Europa im Jahr 1618 in das Grauen des Dreißigjährigen Krieges, der weite Landstriche des Kontinents verwüstete und - je nach Schätzung – vier bis sieben Millionen Opfer forderte.*

*Man mag es kaum benennen, aber einer der wenigen Profiteure des Krieges war die Stadt Wien. Zum einen hatten die Auseinandersetzungen mit dem Prager Fenstersturz am 23.05.1618 und dem Aufstand der böhmischen Stände Prag als kaiserliche Residenz diskreditiert und Wien war nun endgültig konkurrenzlos Hauptstadt des Habsburgerreiches. Zum anderen tobte das Kampfgeschehen im Wesentlichen weiter im Westen und im Norden des Reiches. Zwar gab es einige halbherzige Belagerungen, die aber allesamt abgewehrt wurden. Frankreich und Schweden, die den zweiten, territorial geprägten Teil des Krieges dominierten, hatten kein Interesse: Die Stadt lag zu weit an der östlichen Peripherie des Reiches.*

*Die größte Gefahr bestand im Jahr 1645, als der schwedische General Lennart Torstensson mit 16.000 Mann nach Niederösterreich vorstieß und Krems, Stein, Korneuburg und schließlich die der Stadt an der Donau gegenüberliegende Wolfsschanze einnahm. Weiter kam er allerdings nicht. Die Wiener hatten die Donaubrücken abgerissen und der im Frühjahr mächtig angeschwollene Strom machte eine Querung durch die schwedischen Truppen unmöglich. Ende Mai konnte dann ein kaiserliches Heer Torstensson aus seinen Stellungen vertreiben und die Gefahr für Wien bannen.*

## 17.  Der Schwed' kommt (09.04.1645)

Unruhig strudeln die Massen des dämmernden Stromes um die Joche der hölzernen Brücke. Hoch spritzen die Wasser, fallen in den gurgelnden Abgrund zurück, wellen wieder auf und schleudern Holz, Gesträuch, wohl auch ein zerschelltes Boot oder ein ersoffenes Vieh – Ach! Wäre es nur Vieh, man mag gar nicht so genau hinschauen in diesen Tagen! – gegen das Tragwerk der Wolfsbrücke. Es ist die Zeit der Schneeschmelze und im Westen muss es geregnet haben, hoch, wie die Donau zurzeit das Wasser führt.

Mit aller Macht stemmen die Pfähle sich gegen das wütende Element. Balken reiben sich jammernd aneinander, die Planken ächzen in den Verankerungen. Die ganze Brücke ist ein einziges Dröhnen, ein großes, schauriges Lied, als ahne sie, dass heute ihre letzte Nacht ist.

Vom jenseitigen Ufer der sich hier breit in Ströme und Flüsschen, Kanäle und Gräben auffächernden Donau stehen die Dächer und Türme Wiens gegen das allmählich sich verfinsternde Firmament. Doch während an anderen Abenden mit der Sonne die Stadt in Schlaf und Dunkel versinkt, zucken heute Lichter über die Mauern, sammeln sich ferne Fackeln auf den stromauf gelegenen Bastionen.

Und die Glocken sind zu hören. Sie läuten noch lang nach ihrer gewohnten Zeit, und sie rufen nicht zum Gebet, sie bringen das Sturm- und Feindläuten, das die Männer zu den

Waffen und die Frauen zur Sorge um Heim und Besitz ruft. Denn in der Stadt Wien macht heute eine Nachricht einigen Affekt: Der Schwed' kommt!

Hier, auf der Schanz am stadtfernen Ende der Brücke, hier, am linken Ufer des Flusses, weiß man es besser. Der Schwed', der kommt nicht. Der Schwed', er ist schon da.

Der Feind, er wühlt sich grade durch den Schlamm. Vom geschützten Lager im nahen Wald fressen sich die Laufgräben auf das Bollwerk zu, Spatenstich um Spatenstich, unerbittlich, unabwendbar. Es hat etwas Unheimliches, wie sich die fremden Mordbrenner da durch den feuchten Boden schaufeln, gesichtslos im Dunkel der Nacht, wie eine Horde Ameisen, unbeeindruckt von den gelegentlichen Schüssen der Kaiserlichen hinter den Palisaden des Walls.

Beide Parteien wissen, dass mit diesem Angriff das Schicksal der Wolfsschanze besiegelt ist. So unvermutet ist der Überfall, und so viele sind angerückt, dass der Kaiser in aller Angst hat anordnen lassen, den Posten aufzugeben. Morgen schon werden die Mannen des Lennart Torstensson aus Elfsborg am fernen Ostmeer, seines Zeichens Generalissimus der schwedischen Truppen, hier ihr Lager aufschlagen, um dann – Brücke für Brücke, Insel für Insel – auf die Residenz jenseits der Donau vorzurücken. Die kleine Schar Verteidiger wird das nicht verhindern.

Bei einer solchermaßen von vornherein verlorenen Sache ist es aber um jede Kugel schade, um jedes Säckchen Pulver, und so kann von ernsthafter Abwehr keine Rede sein. Zudem – für das Pulver gibt es jetzt eine andere, dringlichere Verwendung, mehr dazu angetan, Wien zu retten als der pistolenschwingende Versuch, dem Feind im offenen Kampf zu begegnen. Und so ist es nur zur Ablenkung, wenn hin und wieder doch eine Kugel ins Dunkel der Nacht abgefeuert wird.

Denn was den Schweden entgeht: Auf der Brücke hebt ein heimliches Treiben an. Trockenes Holz wird aus den Mannschaftsunterkünften herbeigeschafft und auf dem Steg zu Stapeln gerichtet. Äste und Zweige werden darüber ausgebreitet, ebenso das, was die Schanze an Brennbarem aufweist – vom Reisigbesen über das Schreibpult bis zur Heiligen Schrift türmt sich bald alles, was Flammen zur Nahrung dienen kann. Und just dazwischen die Säckchen mit dem wertvollen Schießpulver, immer gut geschützt, so dass sie trocken bleiben, mag der Strom auch noch so spritzen und spülen. Zum Schluss werden Bündel von Stroh, eigentlich den Pferden der Truppe zugedacht, darüber ausgelegt.

Als alles fertig ist, heben die Trommeln an.

Aus ihren Gräben schauen die Schweden auf.

Im Schein von Fackeln zieht die kleine Schar der Kaiserlichen über die Brücke ans jenseitige Ufer. Sie ziehen mit Mann und Maus, mit Pferd, Pfaff und Lagerhure. Niemand bleibt zurück, still und verlassen liegt die Wolfsschanze in der Schwärze der Nacht.

Und die Schweden wissen: Sieg!

Sieg! Sieg! Ein großer Sieg der gerechten Sache! Ein Hoch dem General! Ein Vivat der Protestantischen Union!

Doch ehe sich der Jubel recht auszubreiten vermag, sehen sie noch etwas anderes: Auf der Wolfsbrücke tanzt Flamme um Flamme in die Höhe, nährt sich, durch das Pulver zusätzlich angefacht, vom Stroh, von Blättern, Zweigen, Ästen, von Reisigbesen, Schreibpulten und von der Heiligen Schrift. Nur Minuten sind es, und das Feuer greift auf das Tragwerk der Brücke über, die ein letztes Mal aufschreit, sich dreht und windet wie ein verletztes Tier, sich aufbäumt, sich in einer funkenstiebenden Explosion auseinanderreißt und, in einem furchtbaren Augenblick, in der Tiefe der Donau versinkt.

Von der rettenden Schütte her schauen die Kaiserlichen zurück über den tosenden Fluss. Mögen die Schweden sich die Wolfsschanze holen: Von ihr führt kein Weg mehr nach Wien.

*Mit dem Ende des Dreißigjährigen Krieges begann für Europa eine Epoche der radikalen Abkehr von traditionellen, lokalen Herrschaftsformen hin zum Absolutismus eines Ludwig XIV. und seiner Nachahmer. Und auch wenn die Habsburger allen Grund gehabt hätten, dem französischen Vorbild gegenüber Vorsicht walten zu lassen – im Krieg war dieses Land der am Ende triumphierende Hauptwidersacher gewesen – der Verlockung grenzenloser Macht, die niemanden um Erlaubnis fragt und niemandem eine Erklärung schuldet, erlag auch das Erzhaus in kürzester Zeit.*

*Versüßt wurde der Stadt Wien der weiter anhaltende Verfall ihrer angestammten Bürgerrechte durch repräsentative Bauten des Kaiserhauses und des Adels, die die Wandlung von der mittelalterlichen Handelsstadt zum Zentrum des Kaiserreiches augenfällig machten. So entstanden unter anderem Garten und Schloss der Alten Favorita im Augarten, das Schloss in (Kaiser-)Ebersdorf sowie der Leopoldinische Trakt der Hofburg. Zwischen 1666 und 1668 entstand zudem auf der Kurtine nächst der Hofburg ein Opernhaus nach Plänen von Lodovico Burnacini, in dem am 12. und 14.7.1668 eines der wohl prächtigsten Feste stattfinden sollte, die Wien bis dahin gesehen hatte: die Uraufführung der Oper „Il Pomo d'Oro" von Antonio Cesti, mit Einlagen seiner kaiserlichen Hoheit, Leopolds I. höchstselbst. In acht Stunden Musik, 5 Akten nebst Prolog und 48 Solo-Rollen wird das Urteil des Paris erzählt, ein gigantisches Unterfangen, beste Unterhaltung und ein gelungenes propagandistisches Statement gegenüber dem Rivalen in Paris: Mag Louis tanzen – die Musik dazu kommt aus Wien.*

## 18.  Il Pomo d'Oro (11.07.1668)

Mitten hinein in das plötzliche Schweigen des aus der Tiefe des Raumes herausklingenden Orchesters öffnet sich eine der Logentüren in der luftigen Höhe des dritten Rangs. So hoch oben ist dies und so weit von der Bühne entfernt, dass nur wenige der Musiker, nur die ganz jungen nämlich mit ihrem noch feinen Gehör, das ungehörige Quietschen der Türangel wahrnehmen und sich halb empört, halb amüsiert nach den Verursachern umschauen.

Oben aber ist das Geräusch so laut aufkreischend, scheint das bockige Zetern der Scharniere so durchdringend, dass sich die beiden vermummten Gestalten, die sich soeben unberechtigten Zugang zur eigentlich der Öffentlichkeit verbotenen Probe verschafft haben, erschrocken in die dunkelste Ecke des kleinen Kabinetts drücken.

„Um Himmels Willen, so seid's doch vorsichtig, Herr Chevalier. Wenn man uns hier erwischt, sind Sie morgen schon auf dem Weg zurück nach Frankreich. Und ich – ach, ich mag gar nicht daran denken…"

„Ihr müsstet eure schöne Hof-Carrière wieder von vorn beginnen, mein lieber Baron."

Aus dem Parterre ist plötzlich lautes Marschieren zu hören, wie von einer Kompanie Gardesoldaten. Dazwischen das feine Getrippel von zierlichen Damenschühchen, das zerbrechliche

Knistern von Seide und der festere Schlag brokatener Mäntel. Das Scharren und Knarren dutzender Stühle.

Und dann: erneut Stille, aus der heraus sich erst allmählich einzelne Schritte schälen. Etwas Zögerndes, Hinkendes. Etwas den Fuß leicht Schleifendes. Es scheint eine Ewigkeit zu dauern, dieses Schlurfen, dieses Schaben, derweil der restliche Raum in ehrfürchtigem Silentium verharrt. Kein Geräusch, nur dieser seltsame Gang. Dann: Ein Ächzen, von einem einzigen Schemel diesmal.

Und, just, als das geheimnisvolle Schweigen alles wieder zu verschlingen droht: zwei, drei Akkorde des Cembalos. Ein Lauf. Eine Linie. Eine Verzierung. Kleine, makellose Perlen aus Klang, Lichttropfen inmitten des dunklen Meeres aus Stille.

„Ecco Paride il giusto,

Ch'à Sparta s'incamina"

Grade rechtzeitig hat sich die Sängerin der Venus aus der Erstarrung gelöst. Rezitativ, Szene, Arie. Die Wahl des Paris: Wer ist die Schönste? Es wird Streit geben. Auslöser - der goldene Apfel – Il Pomo d'Oro. Jetzt gilt's der Kunst.

Hoch oben, knapp unterm Plafond des goldstrotzenden Theaterraums, sind undeutlich zwei Gesichter im Schatten eines Vorhangs zu ahnen.

Den mageren Hals gereckt, versucht der Chevalier, den Vorgängen im Orchesterraum einen Sinn zu geben. Wo im Parkett eben noch gähnende Leere herrschte, sitzen jetzt etliche Damen und Herren des Hofes. Dabei hatte es doch geheißen, für die Generalprobe zur lang erwarteten Festoper anlässlich der kaiserlichen Heimführung der Margarita Teresa von Spanien sei niemand zugelassen. Zwei Jahre ist die Infantin schon in Wien, aber erst jetzt sind Oper und Theaterhaus fertiggestellt!

„Baron, was ist das für eine hässliche Kreatur am Cembalo?"

„Einen Moment, Chevalier, lasst mich rasch… Hütet Eure Zunge. Das ist Leopold!"

„Leopold?"

„Seine kaiserliche und königliche Majestät höchstselbst."

„Ihr scherzt, mein Lieber. Es kann ja wohl nicht sein, dass der Herr halb Europas sich mitten zwischen seine Domestiken setzt und auf den Tasten klimpert."

„Seid vorsichtig, Monsieur. Leopold lässt es sich nicht nehmen, in die Opern, die am Hof gegeben werden, eigene Arien und pezzi zu integrieren und diese dann auch in allerhöchst eigener Person con i musicisti, avec ses musiciens, einzustudieren."

„C'est répugnant!"

„Wenigstens hupft er nicht im Goldröckchen herum wie eine Gasthaushure. Oder wie ein gewisser König in Paris."

„Ihr beleidigt Frankreich! Wenn der König tanzt, tanzt er die Ordnung des Universums. Und Louis lässt Fürsten um sich kreisen, nicht dahergelaufene Domestiken!"

Der Chevalier hat sich in Rage geredet. Um seiner Rede Nachdruck zu verleihen, donnert zu jedem seiner Worte die Faust auf die Brüstung der Balustrade.

Die Musik setzt aus. Doch dieses Mal folgt dem jähen Ende nicht Stille, sondern es folgen Tumult, Aufregung. Die knisternde Seide flattert auf, die brokatenen Mäntel wenden sich um. Und mit ihnen dutzende Köpfe, doppelt-dutzende Augen, die die Quelle der plötzlichen Störung erst gesucht, und dann – zum Schaden des Chevaliers, mehr noch zum Schaden des Barons – schnell auch gefunden haben.

„Rasch, weg hier!"

Doch es ist zu spät.

Wieder das Marschieren aus der Tiefe des Raumes. Laute, feste Schritte auf den Treppen.

Die Leibgarde seiner Majestät. Sie sind schon auf dem Weg.

Der politisch zunehmend entmachtete Wiener Rat konzentrierte sich auf seine Handelsgeschäfte. Dabei standen ihm die in
Wien ansässigen Juden im Weg. In Verbindung mit einflussreichen
Klerikern des Hofes trieben sie die frömmlerische Kaiserin Margarita
Theresa von Spanien vor sich her und erreichten am 19.7.1669 von
Kaiser Leopold I. den Beschluss zur Ausweisung aller Juden aus Österreich unter der Ens – in etwa dem heutigen Niederösterreich.

Die Folgen waren für Wien verheerend: Der Rat hatte zugestimmt, die wegfallende Judensteuer an den Hof zu übernehmen, war
dazu aber nicht in der Lage. Zudem gingen Mauteinnahmen und das
Steueraufkommen drastisch zurück. Doch diese Erkenntnis kam zu
spät.

## 19.  Die da falsch Zeugnis reden (19.06.1669)

Es ist ein kühler Sommertag, windig und feucht im Freien, klamm und kalt in den Räumen und beschatteten Innenhöfen des baufälligen Rathauses.

Während es den meisten Mitgliedern des hohen und respektablen Inneren Rates gar nicht schnell genug hinaus ins Freie, an die Luft und in die nächstgelegene Schankwirtschaft gehen kann, sind drei Herren im Hof vor der Kapelle St. Salvator zurückgeblieben.

Wie Krähen stehen sie da im Schatten der Säulen, zwei alt und abgefledert, der dritte jünger und fetter, mit verschlagenen Gesichtern. Vorsichtig darauf bedacht, dass keiner der anderen ihr Zurückbleiben bemerkt, haben sie die Mantelkrägen hochgeschlagen und die Kappen tief ins Gfrieß gezogen. Sprich – sie geben die Verschwörer in etwa so überzeugend, wie ein Seminarist den Judas in dem Jesuitenspiel, das zurzeit in Wien so populär ist.

„Meine Herren Collegae", der Älteste unter ihnen, ein hagerer Greis von sicher an die siebzig Jahre, murmelt die Worte so leise in seinen schütteren Bart, dass die anderen die Köpfe enger zusammenstecken müssen, „Meine Herren Collegae, gute Nachricht von der Burg in unserer Sache. Morgen wird der Kaiser die Landverweisung der Juden aus Österreich, Ita expulsio Viennensis, publik machen. Sieg, Freunde, Sieg!"

„Allen Heiligen Dank!", eine plötzliche freudige Röte legt sich über das Gesicht des Nächstälteren. „Und Ihr wisst es aus verlässlicher Quelle?"

„Aus sicherster. Mein Beichtvater ist gut Freund mit Leopolds Berater Sinelli. Kapuziner der eine, Kapuziner der andere, zwei im Sack, du triffst immer den Richtigen. Aber unserer Sache sind sie verbunden und haben in unserem Sinne Einwirkung genommen."

„Auf den Kaiser?"

„Weniger. Auf die Kaiserin. Die Spanierin ist so abergläubisch, wie sie dumm ist, und macht die Juden ohnehin für alles verantwortlich. Das abgegangene Kind und den Brand in der Burg vor zwei Jahren, das schlechte Wetter, den sauren Wein, hohes oder niederes Wasser. Für die Gelsen im Sommer und den Schnee im Winter. Zusammen mit einigen Höflingen hat sie's dem Kaiser abgerungen."

„Die Begründung?"

„Das zu Erwartende: Das Vergiften von Brunnen, Entführung und Circumcisio Puerorum Christianorum, Hostienfrevel und freundlicher Umgang mit dem türkischen und schwedischen Feind. Und die Pest, natürlich. Hört euch den Abraham a Sancta Clara an, wie er's in seinen Predigten immer so fein sauber herunterrasselt. Dergleichen halt."

Der jüngste der Drei, ein stattlicher Mann in den besten Jahren, teuer, aber schlampig gekleidet, das Wams über und über bekleckert vom Schnupftabak aus Sevilla, den Atem schwer von Wein, doch kindlichen, unter anderen Umständen vielleicht gar freundlichen Gesichts, tritt unruhig von einem Fuß auf den anderen:

„Dass die Leut' das glauben? Die Pest hat unter den Juden genauso gewütet, wie bei uns, und auf den Dörfern säuft das Volk Israel aus denselben Brunnen wie's gut katholische Mitmensch auch. Täten sie Gift hinein, wäre es mit ihnen so aus wie mit uns."

„Der Plepsch wird's schon glauben, vertraut mir da. Das gemeine Volk braucht immer einen, der Schuld ist. Und ist's nicht der Kaiser, ist es der Jud. Das ist gut wienerische Tradition."

„Ist's denn wirklich notwendig, die Juden derartig hart zu traktieren und gleich das ganze Volk des Landes zu verweisen? Immerhin, sie bringen ihr Geld gleichsam an den Hof und in die kaiserliche Cassa als auch in die Truhen der Stadt."

Der Wortführer schnaubt verächtlich:

„Wärest Du nicht mein Tochtermann, ich wollte alle Teufel bitten, den Verstand in Dich hineinzuprügeln. Woher soll das verdammte Pack das ganze Geld wohl haben als davon, dass sie ihre Pranken in alles schlagen, ehe unsereins auch nur zum Zuge kommt. Schau Dich doch um!" - keuchend vor Zorn unterbricht sich der Alte, um sich mit gichtiger Kralle den Geifer aus den Mundwinkeln zu wischen – „Die Anzahl der Juden in Wien ist schon fast über die Anzahl der Christenmenschen hier gestiegen, und auf den vornehmsten Plätzen der Stadt haben sie mehr Läden denn unsereins."

„Und habt ihr je Ihre Häuser von innen gesehen, oder gar
die neue Synagoge? Gold, sag' ich, lauteres Gold und edle
Steine überall, Elfenbein aus Afrika und Porzellan aus China.
Und jetzt seht Euch einmal um, mit welch' schäbiger Commo-
dität selbst der edle Rat von Wien vorliebnehmen muss: Die
Mauern dieses Hauses fallen um uns ein, durch alle Türen und
Luken zieht der Wind und in der Ratskapelle sind mehr Ratten
als Pfaffen anzutreffen. Nein, ich sage euch, es musste etwas
geschehen, dass der Jud seine Bagagie packt und fort macht.
Und nun wird es geschehen. Gelobt sein Jesus Christus!"

„Gelobt sein Jesus Christus!"

*Im Jahr 1679 sollte ein Feind die Stadt erreichen, gegen den kein Kaiser, kein Heer und kein noch so inbrünstiges Gebet etwas ausrichten konnten: Die Pest kam nach Wien.*

*Nicht zum ersten Mal, seit dem frühen Mittelalter war die Krankheit immer wieder aufgetreten, mit teils dramatischen Folgen. 1349 hatte sie die Hälfte der Bevölkerung hingerafft, 1436 musste die Universität vorübergehend geschlossen werden, da der Schwarze Tod insbesondere unter Professoren und Studenten wütete.*

*Auch im 16. und 17. Jahrhundert war es immer wieder zu Pestepidemien gekommen, man hatte auch die seit 1676 sprunghaft zunehmende Zahl Infizierter in Ungarn und im Osmanischen Reich zur Kenntnis genommen, nichtsdestotrotz traf der erneute Ausbruch im November 1678 die Stadt weitgehend unvorbereitet.*

*Entsprechend groß war das Chaos: Die Toten lagen oft tagelang in den Gassen vor den Häusern, da es an Siechenknechten und Totengräbern mangelte, die Pestgruben in den Vorstädten füllten sich. Bis zum Frühjahr 1680, als die Seuche endlich abebbte, waren ihr gut 20 Prozent der Stadtbevölkerung zum Opfer gefallen.*

*Auf dem Höhepunkt der Pest, im Spätsommer 1679, hatte Kaiser Leopold I. die Errichtung einer Dreifaltigkeitssäule auf dem Graben gelobt. Diese wurde im Oktober 1679 zuerst durch den Bildhauer Johann Frühwirth in Holz ausgeführt und zeigte am Sockel neun Engelsfiguren, darüber die Gruppe mit Vater, Sohn und Heiligem Geist. Ab 1782 wurde das Werk dann von Matthias Rauchmiller, Lodovico Ottavio Burnacini und anderen durch die heute noch bestehende Version aus Marmor ersetzt.*

## 20.  Der neunte Engel (in der Nacht zum 27.10.1679)

Aus den schweren Schatten, die die herbstlich tiefstehende Sonne an diesem düsteren Oktobernachmittag über St. Salvator geworfen hat, ist nun vollends das Dunkel in die Arkaden des anliegenden Ratsbaus getreten.

Kaum auszumachen gegen die Finsternis der in dieser Zeit des Jahres gewaltig und schnell hereinbrechenden Nacht, hat sich vor der Kapelle eine seltsame Gruppe versammelt. Stumm, unbeweglich stehen sie da, dicht aufeinander, und ohne sich, weder mit fester Hand noch mit zarter Berührung, einander in ihrem Da- und Hiersein zu vergewissern. Ja, ganz im Gegenteil: Ein jedes scheint, soweit das spärlich vom Gässlein hereinfallende Licht dies mehr zu erraten als zu erkennen zulässt, vom anderen abgewendet, allein bei sich, ohne Blick, ohne Geste oder gar Gruß.

Neun Schemen sind es, die da so still beieinanderstehen, und wer ganz genau hinschaut, erkennt, dass es keine Menschen sind, sondern Engel. Auch wenn sie ihre Flügel eng an die Körper pressen, so, als wollten sie sich mit ihnen gegen die Kälte des Herbstes und die der nunmehr gänzlich aufgezogenen Nacht schirmen, kaum leidlich können sie ihre himmlische Herkunft verbergen. Hier schimmert für einen Moment golden eine Feder im Licht einer fern vorbeihuschenden Laterne, dort glühen sanft Buchstaben, Ahnungen eines göttlichen Wortes, auf den Seiten eines emporgereckten Buches.

Auch ihre Starre enthüllt sich dem Blick dessen, der, inzwischen das Dunkel der Nacht und die Schatten des Hofes gewohnt, genauer auf die seltsame Gruppe zu schauen sich getraut: Nicht Fleisch noch Blut, nur bemaltes Holz reckt sich hier in den Himmel, Schnitzwerk, meisterlich gewiss und täuschend dem Leben nachgeahmt, aber starr und tot.

Am Nachmittag hatten der Johann Frühwirth, dessen Werkstatt in der nahen Fischerstiege gelegen, und seine Gesellen die Figuren hergeschleppt. Rasch, dass ihnen auf dem kurzen Stück Wegs niemand, zuvörderst keiner, der die Seuche in sich trüge, begegne, hatte sie die Bildwerke zur weiteren Versorgung durch die Herren des Rates im Hof vor St. Salvator abgestellt und waren in alle Winde zerstoben. Acht Engel, ernst und streng vor sich starrend, Geschöpfe allein des Himmels und des ewigen Gottes, unnahbar, den Menschen und ihren Sorgen fremd.

Und ein neunter. Lieblich das Antlitz, mitleidig der Blick, das goldgelockte Haupt ein wenig zu Boden geneigt. Die Arme, die Hände, zierlich die hölzernen Fingerlein spreizend, scheu, doch wie zur Hilfe ausgestreckt. Trüge diese Gestalt nicht Flügel, man vermeinte, nichts anderes zu sehen als ein Menschenkind wie du und ich.

Und just vor diesem flammt, da wir wieder zurückkehren in die Stunden der Nacht, ein Kerzlein auf.

Ein Mann steht da, ein Einsamer. Müde und traurig ist er, und nur die Wenigsten hätten in ihm einen der Gesellen des Johann Frühwirth erkannt, Georg, seinen besten und begabtesten, dem der Meister, dem Können seines Schülers vollauf vertrauend, diese eine Figur zur Gänze zu schaffen übertragen hatte.

Dieser Georg also steht nun da, im flackernden Licht des müden Kerzleins, das er herangetragen. Und wer nicht nur sieht, sondern auch hört – mit den Ohren, mehr aber mit dem schlagenden Herzen – vernimmt ein leises Flüstern, ein Wispern im wehenden Wind.

„Ach Agnes, Lämmlein. Wie kann es sein, dass in so kurzer Zeit nichts von Dir bleibt, als, hier, diese hölzerne Puppe. Kaum zehn Tage ist es her, da war doch alles gut und richtig.

Du warst da, und unsere Kleine war da, ihr beide, am Tag bei der Arbeit und am Abend, hoch unterm Dache im Haus. Und nun?“

„Ach Agnes, Lämmlein, ich will mich nicht beklagen. Ich weiß ja, der Herr schiebt die Figuren im großen Theater der Welt nach seinem rechten Plan. Aber wenn du, wenn du ein Engel nun, mein Engel, vor des Ewigen Throne stehst, so frag' ihn, wieso an einem Tag, in einer Nacht mein ganzes Lebensglück zerbrach.“

„Am Mittag hat er uns die Kleine genommen. Ich in Tränen, Du aber schon in Schweiß und mit fliegendem Atem, und als in der Nacht der Eiter aufbrach – ach Agnes, Agnes, was haben wir verbrochen, dass der Herr uns so straft, wie den Krippel bei dem Schwemm-Teich zu Jerusalem?“

„Aus dem Haus gezerrt habe ich Dich, hinaus auf die Gasse und geworfen unter die hin- und her liegenden Leiber der Toten und Sterbenden. Dann die Hufe der Maultiere, das Zetern der Räder, und als ich am Morgen durch die Luke schaute, war die Straße wieder öd und leer, und Du warst fort."

„Ach Agnes, Lämmlein. Ins Holz hab' ich geschlagen, was mir von Dir bleibt. Deine Locken, dein liebes Gesichtlein, dein Lächeln. Dein Lächeln, dein Lächeln. Ach, schenk' mir noch einmal Dein Lächeln."

Ein Wind braust da auf, ein Klang, wie vom Schlagen großer, mächtiger Flügel. Als aber des Morgens die Kärler und Säuberer - früh, ehe die hohen Herren kommen, die Figuren in Prozession zur hölzernen Pestsäule auf dem Graben zu tragen, die der Kaiser dort vorübergehend errichten lässt, dieweil das gelobte endgültige Mahnwerk aus ew'gerem Marmor kaum projektiert, geschweige denn begonnen ist  - als also die Kärler und Säuberer den Hof in der Frühe betreten, finden sie einen Toten vor einer der Engelsfiguren, ein abgebranntes Kerzlein neben ihm.

Rasch decken sie den Körper mit einem Fetzen und rufen die Siechenknechte, dass sie auch diesen hier zu einer der nahen Pestgruben fahren, von denen es in Wien derzeit so viele gibt.

*Auch nach dem Ende der Pest sollte es für Wien keine Atempause geben.*

*Am 6.8.1682 beschloss das Osmanische Reich den Krieg gegen das Heilige Römische Reich, dieses Mal mit dem erklärten Ziel der Eroberung Wiens. Der Zeitpunkt schien günstig, da die Truppen Habsburgs tief im Westen des Reiches in einem Krieg mit Frankreich gebunden waren, Wien also zu seiner Verteidigung weitgehend auf sich allein gestellt war.*

*Am 14.07.1683 schloss Großwesir Kara Mustafa Pascha die Stadt mit seinem ca. 200.000 Mann starken Heer ein. Schon im Vorfeld hatte der Kommandant der Wiener Verteidigung, Ernst Rüdiger von Starhemberg, die Vorstädte niederbrennen lassen und sich mit ca. 16.000 Mann zur Verteidigung der Stadt bereit gemacht.*

*Trotz des zahlenmäßigen Missverhältnisses gelang es, die Stadt gegen alle osmanischen Angriffe zu halten, bis endlich am 12.09.1683 ein großes christliches Entsatzheer unter dem polnischen König Johann Sobieski III. und Karl von Lothringen Wien in der Schlacht am Kahlenberg befreite – ein Ereignis, das sowohl von den Wienern, die auf den Wällen und Mauern nichts tun konnten als beten und hoffen, als auch von den Mannen Kara Mustafas, die sich in letzter Minute um den sicher geglaubten Sieg gebracht sahen, als apokalyptisch empfunden wurde.*

## 21.  Im Mahlstrom (12.09.1683)

Aus ferner Höhe geht sein Blick hinab: Ungewohnter Lärm dringt zu ihm herauf. Aufruhr, mehr als sonst, herrscht tief unten, unter den kristallenen Sphären der Himmel, unter den ewigen Bahnen von Sonne und Mond, unterhalb der leichtfedernden Wolken, des morgendlichen Nebels, des mittäglichen Dunstes und des spätsommerlich glühenden Windes. Aufruhr herrscht, und Kampfeslärm, Donner von Kanonen, Klirren von Schwertern und Schreie aus tausenden Kehlen stören des Ewigen ewige Rast.

Der Gott schärft seinen Blick, er forscht nach dem Grund. Seinem allsehenden Auge entfaltet sich das Land wie ein Spielbrett, rollt sich aus, teilt sich in Nord und Süd, Ost und West, in Berg und Tal, Fluss und Stadt.

Wien, Wien ist die Stadt, Wien im Schutz seiner Bastionen. Dann, über die Glacis hinweg, eingebettet zwischen Feldern, Wiesen und Lehmgruben, die Vorstädte und – weiter in der Peripherie – die Vororte. Beginnend mit dem im Süden, in der Ebene gelegenen Simmering, über Altmannsdorf, Hietzing, von wo es in die Hügel des Wienerwalds hinaufgeht, zieht sich ihr Kranz über Hernals und Ottakring bis in die Weinberge von Sievering und Grinzing im Norden. Getrennt durch die vielarmige Donau zudem die schon weit entfernten Ortschaften Floridsdorf, Kagran und Hirschstetten.

Aus all diesen Flecken, Dörfern und Gehöften dringt ein Geschrei in den Himmel hinauf, von Menschenmassen, dicht im tosenden Sog. Wie in den Kreisen der Hölle wirbeln sie durcheinander, prallen zusammen, werden auseinandergerissen, weiter hinabgezogen, nur, um erneut wieder aufeinanderzutreffen. Eine Spirale von Gewalt und Tod, geschürt von den finstersten Kräften, die die Menschheit auf Erden in ihrem Bann halten: Macht, Gier und Glaube. Wie zwei Leviathane ringen hier die Vormacht des Ostens, das Sultanat der Osmanen, und die alte Herrlichkeit des Heiligen Römischen Reiches um Seele und Zukunft Europas. Wer heute siegt, dem gehört das Herz des Kontinents für die nächsten Jahrhunderte, der bestimmt über Religion, Brauch, Sprache und Geist. Und mehr noch, auch über den Reichtum der Felder, Wälder und Flüsse, das Erz in den Bergen und die Arbeitskraft seiner Bewohner.

Nicht um Weniges geht es also, und so wird der Kampf mit Erbitterung geführt.

An der Peripherie jagen vereinzelte Horden tatarischer Reiter durch die Dörfer der Umlande. Wo sie hinkommen, gehen die Gehöfte in Flammen auf, wird das Vieh, werden Frauen, Männer und Kinder niedergemetzelt.

Boten der Apokalypse scheinen sie, und doch, dass sie hier sind, Funkenwölkchen am äußersten Rand des Mahlstroms, dass sie reiten und brennen, brennen und reiten, in immer weiteren Kreisen um das immer fernere Zentrum: Das ist das sichere Zeichen, dass die eigentliche Sache schon entschieden ist. Denn an ihnen hätte es gelegen, die Scharen der Polen und der Deutschen an der Querung der Donau zu hindern. Doch ihr Chan, beleidigt vom großspurigen Kara Mustafa, hat sich von allgemeinem Kampf zurückgezogen und macht Jagd auf eigene Rechnung.

Und so strudeln seit dem frühen Morgen die Heeresverbände des Karl von Lothringen, des Max Emanuel, die Truppen des Waldeck und des Degenfeld, die Reiter des Herzogs Lauenburg hinein in das Karussell des Todes, das, je höher der Tag steigt und je panischer sich der Widerstand der Osmanen formiert, schneller und schneller dreht. Kaum einer hält mit mit dem rasenden Tempo: Da reißt es einen Kaiserlichen vom Pferd, hier katapultiert es einen Janitscharen hinab in den Schlund. Stunde um Stunde geht das, immer enger im tödlichen Treiben. Nicht zu erkennen, zu wem ein Kopf gehört, wessen Arm als blutiger Stumpf zu Boden fällt, wer, vielmehr: was da unter dem gefallenen Pferd, unter dem verblutenden Kameraden hervorragt. Freund, Feind? Wer weiß es schon, drauf gehauen mit Allah, im Namen Mariä, Jesu Christi!

Verwundert blickt aus dem fernen Himmel der Gott herab auf dies Grauen, das seine Stille stört. Leicht hebt sich eine Augenbraue, ein wenig zuckt ein Finger und umgeworfen ist das Brett.

Alles wankt, gerät ins Rutschen, und während sich vom Kahlenberg das schwarze Erz der polnischen Reiter in die Gelände vor der Stadt ergießt, können sich die Truppen des Sultans auf der schief und schiefer werdenden Ebene nicht mehr halten. Fort reißt es sie, weit hinab in den Süden. Erst über die Schwechat bleiben sie liegen. Zerschmettert, vernichtet, verbogen und zerbrochen. Schadhaftes Spielzeug nur noch im Spiel ihres kleinen Lebens.

Teilnahmslos schaut der Gott durch den Äon aus Zeit und Raum auf die ferne Stadt und auf das ferne Land. Er lauscht. Kein Laut mehr erreicht seine Kreise.

Da lächelt der Ewige und wendet sich ab.

Dass ein vom Leibkoch Kara Mustafas auf dem Schlachtfeld zurückgelassener Sack mit geheimnisvollen braunen Bohnen zur Einführung des Kaffees im Westen geführt hätte, entspricht sicher nicht den Tatsachen, Kaffeehäuser gab es unter anderem bereits in Venedig und in Paris.

Nichtsdestotrotz besteht für Wien durchaus ein Zusammenhang mit der osmanischen Belagerung, denn der armenische Kaufmann Johannes Deodat, der 1685 das kaiserliche Patent zum Führen eines öffentlichen Kaffee-Ausschanks erhielt, war in Kriegszeiten als Spion für den Hof tätig gewesen.

## 22.  Vom Duft des Glücks (19.01.1685)

Die Dienstboten, die vor der morgendlichen Dämmerung durch das frostkalte Dunkel des Haarmarkts huschen, auf dem Weg zum Bäcker, zum Fleischmarkt oder hinab zu den Booten am nahen Fluss, heben, sobald sie am Haus des Owanes Astouatzatur vorbeikommen, kurz den Blick, lüpfen die Nase in die Höhe, schnuppern, schniefen, atmen noch einmal tief durch und eilen weiter. Ohne dass sie sich dessen bewusst sind, ist ihr Gang eine Spur beschwingter, ihr Blick eine Spur wacher, und um ihre eingefrorenen Lippen deutet sich die Ahnung eines Lächelns an. Zeugen, die man später befragt, sprechen sogar von gesummten Liedchen und andeutungsweise gepfiffenen Gassenhauern. Kurz: An diesem eiseskalten Morgen des 17. Jänner im Jahre 1685 nach der Geburt des Herrn, unter der Regierung seiner allerdurchlauchtigsten Majestät, Kaiser Leopolds I., tut sich Seltsames im Hause des Armeniers mit dem unaussprechlichen Namen, der sich der Einfachheit halber hier in Wien Johannes nennt, Johannes Deodat.

Nicht, dass sich ein Wunder ereignet hätte, dass ihm eine geheimnisvolle Alchemie der Glückseligkeit gelungen wäre. Dies leider nicht. Last und Mühsal des Tagwerks bleiben den Vorübereilenden unverändert, hart ihre Herrschaft und mager ihr Lohn. Aber: Jenen, die die sonderbare Würze atmen, die aus den Ritzen und Spalten der fest verschlossenen Fenster und Türen dringt, denen wird das Jetzt und das Sein für einen

kurzen Augenblick leichter und der Blick auf die Zukunft für
einen Wimpernschlag rosiger.

Im Inneren des Hauses stehen zwei Gestalten, fest einge-
mummt gegen die morgendliche Kälte, über die bescheidene
Flamme des Herdes gebeugt, der – neu aufgemauert in der
Mitte des weiten Gewölbes – weder ausreichend Wärme noch
Licht spendet, um dem Dunkel und dem Frost etwas entge-
genzusetzen. Gerade groß genug ist das Feuerchen, gerade
hoch genug züngelt es, um das Wasser in einem kleinen Sil-
bertopf zum Sieden zu bringen.

„Anna, rasch, es kocht. Zwei Quäntchen von dem fein
Gemahlenen."

Geschmeidig tauchen die Finger der Angesprochenen in
ein kleines Säckchen und befördern mit geübtem Griff just die
benötigte Menge in das Gefäß. Nicht zu viel, gilt es doch, die
rare Köstlichkeit mit Maß einzusetzen. Nicht zu wenig, soll
doch der Wundertrank aus dem fernen Arabia seine volle
Kraft entfalten.

„Den Deckel, Johannes, schnell."

„Gut. Und jetzt: Vier Vaterunser, bis alles gut durchzieht.
Aber achte darauf, dass es nicht überkocht."

„Vater unser, …"

In das Gemurmel der beiden mischt sich zunächst ein
sanft zischendes Sprudeln, dann ein heftig rumorendes Auf-
wallen aus den Tiefen des Topfes. Und als das vierte Gebet des

Herrn gesprochen ist, brodelt goldener Schaum unter dem auftanzenden Deckel hervor.

„Amen!"

Rasch hebt Johannes den Sud von der Flamme.

„Und jetzt: Zwei Ave Maria, dass sich alles setzt."

Während die beiden leise die Worte sprechen, erfüllt nach und nach das Aroma von Kaffee den Raum und dringt durch die Ritzen der Verschläge auf die Straße hinaus. Warm und weich gegen die klirrende Kühle der schwindenden Nacht bildet es zunächst kleine, duftende Tupfen und Wolken, dehnt und räkelt sich dann und hüllt letztlich den ganzen Marktzug in seinen belebenden Duft.

Deodat füllt den Trank in zwei Becher.

„Zimt? Kardamom?"

„Nur Zucker."

Mit gierigen Lippen schlürfen die beiden den ersten Trunk des Morgens. Sie spüren der heißen Bitternis nach, die Mund und Hals verbrennt, ehe sie die Organe erreicht und in einer Explosion von Wärme und Kraft die Säfte im Leib aufpeitscht.

Glücklich lächeln sie sich an.

„Heute ist ein großer Tag, Johannes. Das Hofprivileg ist da, wir können eröffnen."

Der Angesprochene nickt. Sein Blick schweift über die frisch bespannten Stühle und Diwane, über die gescheuerten

Tische, auf denen schon die Schalen mit Konfekt und exotischen Früchten stehen, und über die im Herdfeuer sanft aufleutenden Becher und Gläser.


„Ja, ich weiß. Mein erstes Café. Das erste Café in Wien."

Mit dem Scheitern der zweiten Belagerung Wiens wendete sich das Blatt zugunsten Habsburgs, das seinen Einfluss über das befreite Ungarn hinaus bis weit in den Balkan hinein ausdehnen konnte.

Eng verknüpft waren diese Erfolge mit der Person des Prinzen Eugen von Savoyen, der in der Schlacht am Kahlenberg an der Seite seines Cousins Ludwig Wilhelm von Baden reüssiert hatte und seitdem unaufhaltsam die Karriereleiter am Hof hinaufgestiegen war: 1683 erhielt er sein eigenes Dragonerregiment, 1687 wurde er Ritter des Ordens vom Goldenen Vlies. 1688 Feldmarschallleutnant, 1690 General der Kavallerie und 1693 schließlich Feldmarschall.

In den immer noch andauernden Kriegszügen gegen das Osmanische Reich gelang ihm mit dem Sieg bei Zenta ein entscheidender Schlag, 1699 brachte er Türkisch-Ungarn, Siebenbürgen und Slawonien an Österreich. Das Kaiserhaus dankte. 1700 ernannte Leopold I. Prinz Eugen zum Mitglied des Geheimen Rates, 1703 zum Präsidenten des Hofkriegsrates.

Wien hatte währenddessen ein Bau-Boom sondergleichen ergriffen. Die während der osmanischen Belagerung niedergebrannten Vorstädte wurden in barocker Pracht wieder aufgebaut und wer es sich leisten konnte – Adel und hoher Klerus – dokumentierte seine Treue zum nunmehr glänzend dastehenden Kaiserhaus mit einem üppigen Palais oder einer großartigen Kirche im Herzen der Stadt. Es wurde das Zeitalter der Fischer von Erlachs und des Lucas von Hildebrandt.

Eines der prächtigsten Häuser der Stadt ließ Prinz Eugen für sich erbauen. Sein zwischen 1697 und 1724 entstandenes Stadtpalais (heute: Finanzministerium) und insbesondere das Treppenhaus Johann Bernhard Fischer von Erlachs galten schon den Zeitgenossen als Meisterwerke der Architektur.

Trotz allen Prunks, Wien befand sich nach wie vor in einer latenten Bedrohungslage, wenn auch nicht mehr durch die Osmanen, sondern durch aufständische Ungarn, die Kuruzen, die für eine eigenständige Nation fochten. Zur Sicherung Wiens wurde deshalb Anfang des Jahres 1704 vom Hofkriegsrat unter der Leitung des Prinzen der Bau einer Verteidigungsanlage, des Linienwalls, rund um die gesamte Stadt beschlossen. Und während für Kirchen, Klöster und Palais kein Aufwand zu groß und kein Preis zu hoch war, war für dieses der Allgemeinheit dienende Projekt kein Geld da: Die Wiener Bürger mussten den riesigen Erdwall mit eigenen Händen aufschaufeln.

## 23.  Marmor und Dreck

Marmor (18.02.1704)

„Messieurs, venez ici. Venez, je vous attendais."

Von irgendwoher aus den lichtweißen Höhen des Treppenhauses klingt die Stimme des Prinzen.

„Weltz, Gundacker. Ich habe gewartet. Gewartet. Hercule attendait ses chevaliers!"

Die Angesprochenen blicken sich staunend um. Das Foyer, das sich vor den soeben von der Himmelpfortgasse her Eintretenden öffnet, scheint zur Gänze leer. Nicht ein Diener ist zu sehen, geschweige denn der hochwohlgeborene Hausherr. Nichts als Marmor, Marmor und noch einmal Marmor.

Das also ist das hochgepriesene Entree des Savoyer Palais, das ach-so-bestaunte Meisterwerk des Fischer von Erlach. Beeindruckend, fürwahr, finden die beiden Besucher, der Ferdinand Karl Graf und Herr von Weltz, Freiherr von Eberstein und Spiegelfeld, seines Zeichens Statthalter des niederösterreichischen Regiments und der Hofkammer-Präsident Gundaker Thomas Graf Starhemberg. Beeindruckend, fürwahr, finden es die beiden, vor allem aber – fröstelnd und durchnässt, wie sie so dastehen - sauhündisch kalt, an einem nasskalten Wintertag wie diesem.

Und da immer noch niemand erscheint, ihnen aus den klammen Mänteln zu helfen und sie hinauf in die zumindest erhoffte Wärme der prinzlichen Gemächer zu geleiten, machen sich die beiden triefenden Hutes und tröpfelnder Nase auf, die weißmarmorne Treppe zu erklimmen, wo, hinter den sauertöpfisch dreinblickenden Atlanten einzig das erträumte Ebenbild des Hausherrn, ein deutlich unproportionierter, aber immerhin passend marmorner Herkules, ihrer zu harren scheint.

„Was soll das?" seufzt der Kammerpräsident heimlich seinem Leidensgenossen zu, nicht leise genug indes, als dass seine Worte nicht vom blanken Gestein des Treppenhauses reflektiert, multipliziert, verstärkt und somit öffentlich gemacht würden.

„Nicht so verärgert, Starhemberg. Vous me cherchez?" Das vergnügte Kichern des Savoyers scheint von Winkel zu Winkel zu hüpfen, leichtfüßig die Treppen hinauf- und hinunterzupurzeln und aus allen Richtungen zugleich die beiden Besucher anzuspringen. „Was sucht ihr den Lebenden bei den Toten? Ici! Auf der anderen Seite."

Und richtig. Als die Herren die Köpfe wenden, erscheint über der Balkonbrüstung der Etage eine koboldhaft-kleine, zerbrechlich-zarte, fast möchte man sagen: missgestaltete Figur, ein rechter Gegenentwurf zum steinernen Halbgott auf dem Treppenabsatz. Prinz Eugen, Held der Schlacht von Zenta, Sieger bei Carpi und Chiari.

„Pardonnez-moi, messieurs. Ein Scherz, ein kleiner Scherz. Und Sie, Sie als meine Hofnarren. C'est amusant, vous ne trouvez pas ?"

Die beiden Herren haben die obersten Stufen erreicht.

„Aber jetzt: Ein wenig Eile, wenn ich bitten darf. Wir wollen Monsieur Commissaire Breuner nicht warten lassen, n'est pas? Und wir haben zu reden. Zu beschließen."

Die Wandlung könnte erstaunlicher nicht sein. In Sekundenschnelle ist das alberne Kind, das seine durchfrorenen Gäste zum Narren hält, dem Feldherrn gewichen. Abgefroren das Kichern, eiskalt und schneidend klingt die Stimme des Hausherrn, während er, den beiden Grafen immer eine Schrittlänge voraus, durch die Gemächer eilt.

„Et de nouveau les maudits Hongrois. Messieurs, die verfluchten Ungarn. Die Kuruzen sind wieder im Sattel. Früher oder später geht es auf Wien, das ist einmal sicher. Sie werden sehen. Und was tun wir? Was tut seine Majestät? Nichts! Juste rien du tout. C'est à désespérer !"

Goldenes Licht umfängt mit einem Mal den Hausherrn und die Gäste, als sie den letzten Raum betreten, in dem, wie angekündigt, der Generalkriegskomissar des Kaisers, Feldmarschall Maximilian Ludwig Graf Breuner, auf sie wartet. Goldenes Licht und wohlige Wärme, die aus einem riesigen Ofen im Winkel des kleinen Kabinetts strömt.

„Und Eure Idee, mon prince? Ich nehme doch an…"

Auf einen Wink des Hausherrn haben Diener Tokajer und Konfekt herbeigebracht.

„Zu Recht, zu Recht. Der kleine Savoyer hat sich wieder einmal Gedanken gemacht. Et voilà: Ein Wall muss her. Um die ganze Stadt"

„Unmöglich, Exzellenz! Unbezahlbar! Das wird der Kaiser…"

„Ich weiß, Starhemberg. Ich weiß.", aufseufzend lässt sich der Prinz auf eines der brokatbezogenen Fauteuils fallen. „Aber wer wäre ich? Serais-je Hercule, wenn ich keine Lösung hätte? Es ist so einfach: Die Wiener werden ihn selbst bauen müssen. Schaufel um Schaufel, Korb um Korb. Die Wiener wollen Sicherheit? Très bien: Sollen sie etwas dafür tun. Sollen sie etwas Dreck fressen, es wird ihnen nicht schaden."

Er hebt das Glas Wein gegen die Flammen der Kerzen und starrt versonnen in den bernsteinfarbenen Schein „Ja, sollen sie Dreck fressen."

**Dreck** (im März desselben Jahres)

Der Wiener Wind peitscht eisigen Regen über das Land.

Für Ende März ist das Wetter in diesem Jahr ungewöhnlich kalt. Auf dem Wasser der nahen Wien treiben noch die Eisschollen und auf den Hundsturmer Feldern häuft sich der Schnee. Umso erstaunlicher die Fülle Mensch in dieser klammen Frühe des Morgens. Ärmlicher Gestalt durchweg, was sich hier eingefunden hat. Zerlumpt, abgemagert, den papierenen Leib in Schichten aus Fetzen und Lumpen, Lumpen und Fetzen gehüllt. Herbeigehumpelt aus den Armenlagern der Vorstädte, aufgekarrt von den Äckern und Feldern der großen Herren. Manche gegen kleinste Münze, die meisten aber, weil ihnen selbst die fehlt, sich der Fron abzukaufen, dem schneidenden Frost und dem prasselnden Nass. Wegelagerer und Diebespack, zusammengetrieben von den Bütteln der Bürgerwehr, schnatternd vor Kälte der eine wie der andere. Ein paar Straßenweiber, gänzlich am unpassenden Ort, die sich Gott weiß was von ihrem Hiersein versprechen, nur sicher nichts Gutes.

Das also sind die Scharen des Prinzen Eugen.

Nicht einmal zum Murren mag es den meisten reichen, zu dieser frühen Morgenstunde. Stumpf der Blick, irgendwohin in das graue Nichts des neuen Tages gerichtet. Eine kleine Verwunderung, da man ihnen Schaufeln in die Hände drückt, Hacken, Eimer. Aber weiter? Egal ist's, denn wer jetzt hier steht, ist es nicht anders gewohnt, als geschubst und geschoben zu werden. Bar eigenen Wollens, ohne Ziel und Zweck als am Ende des Tages einen Bissen Brot für sich und vielleicht noch einen zweiten für das schwangere Weib auf dem Stroh zuhause zu erraffen, ist es genauso gut jetzt und hier zu stehen wie an jedem anderen Tage und an jedem anderen Orte auch. Ob nun auf den Feldern des adligen Herren in nahen Böhmen und im fernen Ungarn, in den klammen Lehmgruben im Wienerland oder im tückischen Trübwasser der sich weit ausfächernden Donau: Leibeigener bleibt Leibeigener, Taglöhner bleibt Taglöhner, hier wie dort.

Das also ist Wiens Aufgebot.

Die Wallmenschen, zu seinem Schutz: Traurige Gestalten, das Leben schon verdorben, bevor sie auch nur zum ersten Mal die Augen geöffnet haben.

Es könnte diesen Erbuntertänigen und Häuslern, diesen jeden auskömmlichen Dienstes quitten Dienstboten und geradeheraus Bettelnden denn auch gleichgültiger nicht sein, was sie hier tun und für wen. Einen Graben ausheben? Gut, warum nicht. Einen Wall aufwerfen? Einerlei. Ein Uniformierter zeigt es, hier und hier so lang, so breit, so tief. Gut, graben wir. Hier und hier, so lang, so breit, so tief. Wofür? Was kümmert es uns. Ob gegen die Luther'schen, die Kuruzen oder den Muselmann – uns ist es egal. Von uns auch gegen den Kaiser, Gott und Beelzebub. Es gilt den Bissen Brot, nicht mehr.

Denn wir, die wir hier graben, wir werden nicht mehr bekommen, das wissen wir sehr wohl. Und auch den einen Bissen nur, dass wir euch nicht krepieren, während wir die Wälle bauen. Dass wir die Gräben, die wir euch schaufeln, in deren Sicherheit ihr mit euren fetten Weiblein Kaffee und Wein schlürfen werdet, nicht gleich wieder auffüllen mit unseren erfrorenen Leibern. Und wir wissen auch: Es wird sich nichts ändern, egal, wie tief die Grube, wie hoch der Wall auch werden mag. Mehr als das eine bisschen Brot, das steht uns nicht zu.

Eisiger Wind bläst über die Äcker von Hundsturm.

Grau in Grau steht da die Menge Mensch auf dem freien Feld. Wild fährt der Wind zwischen ihnen hindurch, aber sie beachten es kaum. Nehmen die Schaufel in die Hand. Da und da, so und so lang, so breit, so tief. So hat man's ihnen gesagt. Und so tun sie's.

Denn das ist Gottes, ist des Kaisers und der Obrigkeit Ordnung: Die einen oben, die anderen unten. Tokaier den einen, Dreck für die anderen. So will es das ewige Gesetz.

*Zu Beginn des 18. Jahrhunderts standen das Haus Habsburg und mit ihm Wien mächtig da wie nie zuvor. Für einen kurzen Augenblick in seiner Geschichte bedrohte kein äußerer Feind Reich und Stadt, Handel und Kultur prosperierten und sogar die Pest schien sich bis auf Weiteres verabschiedet zu haben.*

*Alles hätte gut sein können, doch nun war es das Erzhaus selbst, das zur Sorge Anlass gab.*

*Auf Leopold I. war als Kaiser Joseph I. gefolgt, und, da dieser ohne männlichen Nachkommen starb, sein Bruder als Kaiser Karl VI. Obwohl bei seiner Thronbesteigung kaum 26 Jahre alt, wurde für diesen die Sorge um das Aussterben des Kaiserhauses im Mannesstamm zum obsessiven Thema seiner Herrschaft. 1713 veröffentlichte er deshalb ein Hausgesetz, die Pragmatische Sanktion, die neben etlichen Bestimmungen zur territorialen Integrität der Habsburger Lande auch die weibliche Nachfolge einer Erzherzogin zuließ.*

*Eine weise Entscheidung, denn auf einen erstgeborenen Sohn, der aber mit nicht einmal einem Jahr verstarb, folgten nur noch Töchter. Und die Älteste von ihnen sollte Europa aufhorchen lassen.*

## 24. Ein Name (13.05.1717)

Mit einem Tusch aus Weiß und Gold hatte der Mai Einzug in die Hofburg gehalten, mit einer Lichtfanfare in strahlendem Dur. Das Sonnenlicht war fröhlich tänzelnd durch die hohen Fenster der Ritterstube getreten, steigend und wieder sinkend, und hatte das den ganzen Tag über andauernde emsige Treiben der Dienerschaft im Saal in frühlingshafte Leichte getaucht.

„Denn es ist uns ein Kind geboren." In den frühen Stunden des Tages war Ihre Majestät, Kaiserin Elisabeth Christine, des sehnlichst erwarteten Nachwuchses entbunden worden. Sorglos, fast kommod sei das Ereignis gewesen, hieß es, Mutter und Putzerl wohlauf.

Und doch: Eingedenk, dass so mancher Wurm auch nach angenehmster Niederkunft unsere schöne Erde schon nach wenigen Stunden auf des ewigen Gottes Weisung durch einen jähen Tod bereits wieder hinter sich ließ, war rasch der Befehl ergangen, alles Notwendige herbeizuschaffen, um die kleine Erzherzogin noch am Abend desselben Tages zu taufen. Vorbereitungen darauf hatte man in den vergangenen Wochen, als sich die Zeichen des frohen Ereignisses zu mehren begonnen hatten, bereits auf das Gründlichste getroffen, und so war es jetzt ein Geringes, die letzten, weil kostbarsten, Utensilien aus den Schränken und Kabinetten hervorzuholen – den Dorn aus der Schmerzenskrone des Herrn, die fein gefasste Phiole mit dem Blut Christi, den von güldenen Engel getragenen Nagel des Allerheiligsten Kreuzes – und auf den auf einem Tischlein improvisierten Altar zu platzieren.

Zuletzt hatte man die aus kostbarem Gold getriebene Taufschale samt den zwei aus demselben Material gefertigten, über und über mit Ranken und Borten und Blüten und Medaillen verzierten Kännchen platziert. Das kleinere der beiden war dabei, obwohl auf das Köstlichste nebst der ohnehin überbordenden Ornamentik noch mit niedlichen Engelsköpfchen versehen, und trotz der allgemeinen und durchaus von allen gefühlten Heiligkeit des Geschehens, Ziel des Spotts der Dienerschaft. Enthielt es doch – angeblich – als ganz besonderen Zusatz, und zum Zeichen, wie zu betonend nahe, wenn nicht sogar wesensverwandt sich das Erzhaus dem über alles hinaus Göttlichen fühlte, einige Tropfen Wassers jenes Flusses, in dem unser Herr Jesus Christus seine Taufe empfangen hatte, eben aus dem palästinischen Jordan.

Unter Scherzen und Lachen hatten die Dienerschaft und der die Prozedur observierende Kaplan einander in Mutmaßungen überboten, aus welcher Quelle die heiligen Tropfen wohl wirklich stammen mochten – dass man nur zum Zwecke des heute zu feiernden Sakraments Wasser aus der fernen Wüste hatte herbeischaffen lassen, schien doch einigermaßen unwahrscheinlich. Es war also wohl ein näherer Quell in Erwägung zu ziehen, im entlegensten Falle etwa die Enns oder die Trais, eher aber noch die Donau oder der Wienfluss. Einige Spötter unter den Domestiken hatten sich sogar so weit verstiegen, den Küchenbrunnen als Herkunft des hochlöblichen Nasses zu vermuten, was mit allgemeinem Gelächter quittiert, im Großen und Ganzen aber als denn doch zu verächtlich abgelehnt wurde. Kurzum, es herrschte heiterste Stimmung.

Und aus dieser allseitigen Gelöstheit heraus ergab es sich, dass plötzlich eine Frage im Raum stand – auf das Hartnäckigste -, die der Kaplan, wenn auch eingeweiht, nie und nimmer vor dem eigentlichen Taufakt hätte beantworten dürfen: die nach dem Namen des Täuflings.

Beantworten hätte er sie nicht dürfen, denn den Namen der kleinen Erzherzogin bekannt zu machen, wäre anderen und weitaus höher gestellten Personen oblegen, aber, befeuert von dem an diesem Tage reichlich genossenen Festwein, tat er's doch. Alle Kräfte zusammennehmend, krähte er mit dünnem Stimmlein in das allgemeine Gaudium hinein „Maria Theresia. Marie Thérèse wird's heißen!"

Nur diesen Namen wirft der Alte in den Raum, und es ist nicht einmal der Ganze, Walburga, Amalia und Christine finden sich frech unterschlagen.

Dennoch.

Es ist wie ein Anhalten. Nicht so sehr der Menschen, dieser empfindungsarmen Kreaturen, die den trunkenen Alten kaum verstehen und denen dieser Name, noch, und für den Moment denn doch, einerlei ist.

Es vielmehr ein plötzliches Stutzen des Raumes. Ein Aufmerken der Zeit.

Zunächst sind es die kleinen Flügelwesen auf dem so verspotteten Jordan-oder-was-auch-immer Kännchen, die den

Namen aufnehmen und, die Lippchen zu einem winzigen, feinen Lächeln verziehend, weiter in den Raum wispern. Die Engel des Kreuznagels, größer und stärker als ihre Geschwisterchen, tragen ihn schon empor zu den stuckierten Masken der Zimmerdecke, von dort tönt er, mächtiger und mächtiger werdend, hinüber nach St. Michael, und über den Kohlmarkt und den Graben und weiter in die Stadt hinein.

Und als sich bei Hereinbrechen der Nacht der Taufzug mit allen hochwohlgeborenen Herren und Damen endlich in Bewegung setzt, das feierliche Sakrament nun auch in veritas und in realiter zustande zu bringen, da hat der Name des kleinen Mädchens bereits die Runde in Wien gemacht und ist zu einem großen Jubel gewachsen, der nun zur Feier der Stunde mit Macht von allen Glockentürmen dröhnt „Marie. Thérèse. Marie. Thérèse."

Denn, wenn auch die Menschen es nicht ahnen, die Stadt Wien selbst, dieses seltsam furchtbare und liebenswerte, starke, zarte, feinfühlige Gebilde, spürt es sehr wohl: Dass sich hier und am heutigen Tage ein weiteres Tor für sie geöffnet hat, ein Pfad - ach, was sage ich, eine ganze Landstraße, hinein in eine neue, glänzende Zukunft.

Was diese bringt? Das ist eine andere Geschichte.

# Personenregister

### 1. Vindobona

Ovid: eigentlich Publius Ovidius Naso, 43 v. Chr. – 17 n. Chr., römischer Schriftsteller. Schrieb Liebeslyrik, Sagen und Trauergedichte. Bekanntestes Werk sind die Metamorphosen, 250 mythologische Verwandlungsgeschichten.

### 2. Tod eines Kaisers

Marcus Aurelius: 121 n. Chr. – 180 n. Chr., ab 161 n. Chr. bis zu seinem Tod römischer Kaiser. Bekannt als Philosoph auf dem Kaiserthron, auch wenn er die meiste Zeit auf Kriegszügen war. Seine Selbstbetrachtungen sind ein bedeutendes Werk stoischen Gedankenguts.

### 3. Menia

Menia: langobardischer Frauenname

Aiti: langobardisch „Mutter"

### 4. Im Ende der Anfang

Karl der Große: 747 oder 748 n. Chr. – 814 n. Chr., aus dem Haus der Karolinger. Ab 768 n.Chr. König des Frankenreichs, ab 800 n. Chr. Kaiser. Im Zentrum seiner Herrschaft stehen die territoriale Erweiterung des Reichs – auch nach Osten – sowie die Christianisierung der Gebiete.

Cadaloc: zwischen 770 und 775 n. Chr. – 803 n. Chr. fränkischer Markgraf, im Kampf gegen die Awaren gefallen.

Goteram: + 803 n. Chr., Präfekt der baierischen Ostlande (Marcha Orientalis) unter Karl dem Großen, im Kampf gegen die Awaren gefallen.


5. Privilegium Minus

Heinrich II. Jasomirgott: 1107 n.Chr. – 1177 n.Chr., aus dem Haus der Babenberger. 1140 / 1141 n. Chr. Pfalzgraf bei Rhein, 1141 n. Chr. - 1156 n. Chr. Markgraf von Österreich, 1143 n. Chr. – 1156 n. Chr. Herzog von Bayern, ab 1156 n. Chr. Herzog von Österreich. Der reichspolitisch bedingte Verlust des Herzogtums Bayern 1156 n. Chr. wurde von König Konrad III. (1093 oder 1094 n. Chr. – 1152 n. Chr.) durch das Privilegium Minus, das Österreich in ein eigenständiges Herzogtum umwandelte, kompensiert. Heinrich II. Jasomirgott verlegte die Residenz von Klosterneuburg nach Wien.

Manuel I. Komnenos: 1118 n. Chr. – 1180 n. Chr., ab 1143 n. Chr. Kaiser von Byzanz.

Theodora Komnena: 1134 n. Chr. – 1184 n. Chr., Nichte Kaiser Manuels, ab 1148 n. Chr. Gattin Heinrichs II. Jasomirgott und erste Herzogin von Österreich. Im Unterschied zur üblichen Praxis, bei der eine Ehefrau den Titel des Ehemanns übernahm, aber nicht dessen Machtbefugnisse, wurde sie als ihrem Mann gleichrangige Herzogin mit Österreich belehnt.

Friedrich I. Barbarossa: 1122 n. Chr. – 1190 n. Chr., aus dem Haus der Salier. 1147 n. Chr. – 1152 n. Chr. Herzog von Schwaben, ab 1152 n. Chr. römisch-deutscher König, ab 1155 n. Chr. Kaiser. Tod auf dem dritten Kreuzzug, gilt bis heute als Ideal eines mittelalterlichen Herrschers.

## 6. In der Erdberger Falle

Leopold V., der Tugendhafte: 1157 n. Chr. – 1194 n. Chr., aus dem Haus der Babenberger. Sohn von Heinrich II. Jasomirgott und Theodora Komnena, ab 1177 n. Chr. Herzog von Österreich. Teilnahme am dritten Kreuzzug, wo er 1191 n. Chr. bei der Belagerung von Akkon mit Richard I. Löwenherz in Konflikt geriet. Ließ diesen auf der Rückreise nach England 1192 n. Chr. gefangen nehmen und lieferte ihn an Heinrich VI. aus.

Richard I. Löwenherz: 1157 n. Chr. – 1199 n. Chr., aus dem Haus Plantagenet. Ab 1189 n. Chr. König von England. Teilnehmer des dritten Kreuzzugs. Geriet dabei nicht nur mit Leopold V., sondern auch mit dem französischen König Philippe II. Auguste (1165 n. Chr. – 1223 n. Chr.) in Konflikt, so dass der Kreuzzug erfolglos abgebrochen werden musste. Auf der Rückreise Gefangennahme, zwischen 1182 n. Chr. – 1194 n. Chr. in Haft, zunächst bei Leopold V., dann bei Heinrich VI.

Heinrich VI.: 1165 n. Chr. – 1197 n. Chr., aus dem Haus der Staufer. Ab 1169 n. Chr. römisch-deutscher König, ab 1191 n. Chr. Kaiser.


## 7. Stadtluft

Leopold VI., der Glorreiche: 1176 n. Chr. – 1230 n. Chr., aus dem Haus der Babenberger. Ab 1194 n. Chr. Herzog der Steiermark, ab 1198 n. Chr. auch Herzog von Österreich. Versuchte erfolglos, Wien als von Passau unabhängiges Bistum zu installieren.


## 8. Abglanz der Ewigkeit

Albrecht V. Graf von Habsburg: 1255 n. Chr. – 1308 n. Chr., aus dem Haus Habsburg. Ab 1282 Herzog von Österreich, Steiermark und Krain, Herr der windischen Mark, ab 1298 als Albrecht I. römisch-deutscher König. Sohn des ersten Königs aus dem Haus Habsburg, Rudolf I. (1218 n. Chr. – 1291 n. Chr.) Verlieh Wien 1296 n. Chr. ein neues Stadtrecht.

Albrecht II. von Österreich, der Weise bzw. der Lahme: 1298 n. Chr. – 1358 n. Chr., aus dem Haus Habsburg. Ab 1330 n. Chr. Herzog von Österreich und Steiermark, ab 1330 n. Chr. zudem Herzog von Kärnten, Herr von Krain und der österreichischen Vorlande. Unter ihm entsteht der nach ihm benannte gotische Chor von St. Stephan.

Albert II. von Sachsen-Wittenberg: ca. 1285 n. Chr. – 1342 n. Chr. Ab 1320 n. Chr. Bischof von Passau, nachdem er zuvor Pfarrer an St. Stephan in Wien gewesen war.

## 9. Ein Bündel Dokumente

Rudolf IV., der Stifter: 1339 n. Chr. – 1365 n. Chr., aus dem Haus Habsburg. Ab 1358 Herzog von Österreich, Steiermark, Kärnten, ab 1363 Graf von Tirol, ab 1364 n. Chr. Herr von Krain. Ab 1359 n. Chr. im Rahmen des Privilegiums Maius selbstgewählter Titel eines Erzherzogs von Österreich, um das Land den Kurfürstentümern gleichzustellen. Aufwertung Wiens als Residenzstadt durch die Installation eines Metropolitankapitels an St. Stephan 1358 n. Chr. und die Gründung der Universität 1365 n. Chr.

Karl IV.: 1316 n. Chr. – 1378 n. Chr., aus dem Haus Luxemburg. Ab 1346 n. Chr. römisch-deutscher König, ab 1347 n. Chr. König von Böhmen, ab 1355 n. Chr. römisch-deutscher Kaiser, zudem ab 1365 n. Chr. König von Burgund. Schwiegervater Rudolfs IV. Erkannte das Privilegium Maius nicht an, bestätigte aber viele der darin enthaltenen Forderungen.

Francesco Petrarca: 1304 n. Chr. – 1374 n. Chr. Italienischer Dichter der Frührenaissance und Kenner der römischen Antike. Bis heute bekannt sind seine Sonette.

Friedrich III.: 1415 n. Chr. – 1493 n. Chr., aus dem Haus Habsburg. Ab 1439 n. Chr. Herzog von Österreich, ab 1440 n. Chr. römisch-deutscher König, ab 1442 n. Chr. Herzog der Steiermark, von Kärnten und Krain und ab 1452 n. Chr. römisch-deutscher Kaiser. Vater Kaiser Maximilians (siehe 11. Einzug in Wien), erkannte 1453 n. Chr. das Privilegium Maius an.

Johann Ribi von Platzheim: zwischen 1310 n. Chr. und 1320 n. Chr. – 1374 n. Chr. Ab 1353 n. Chr. Kanzler Herzog Albrechts II, ab 1358 n. Chr. Leiter der Kanzlei Rudolfs IV. Außerdem ab 1359 n. Chr. Bischof von Gurk und ab 1363 n. Chr. Bischof von Brixen.

Gaius Iulius Caesar: 100 v. Chr. – 44 v. Chr. Römischer Politiker, Feldherr und Autor am Übergang von der Republik zum Kaiserreich.

Nero Claudius Caesar Augustus Germanicus: 47 n. Chr. – 68 n. Chr. Ab 54 n. Chr. römischer Kaiser. Während seiner Regentschaft 64 n. Chr. Brand Roms.

Herakles / Herkules: griechischer Halbgott mit sagenhafter Kraft. Sohn des Zeus.

Libuše / Libussa: Mythische Stammmutter des böhmischen Königshauses der Přemysliden, bestimmte den Ort für die Gründung Prags.


10. Sie gehen nur voraus

Albrecht III., mit dem Zopf: 1349 oder 1350 n. Chr. – 1395 n. Chr., aus dem Haus Habsburg. Bruder Rudolfs IV., nach dessen frühem Tod ab 1365 n. Chr. Herzog von Österreich, Steiermark, Kärnten und Krain sowie Graf von Tirol. Baut 1384 n. Chr. mit Gründung der theologischen Fakultät Wien zu einer vollständigen Universität aus.

Albrecht IV.: 1377 n. Chr. – 1404 n. Chr., aus dem Haus Habsburg. Ab 1395 n. Chr. Herzog von Österreich, Steiermark, Kärnten und Krain sowie Graf von Tirol. In seine Zeit fällt der Bau des Turmes von St. Stephan.

Albrecht V.: 1397 n. Chr. – 1439 n. Chr., aus dem Haus Habsburg. Ab 1404 n. Chr. Herzog von Österreich, ab 1438 n. Chr. römisch-deutscher König, König von Böhmen, Ungarn und Kroatien. Verantwortlich für die Ermordung und Vertreibung der Wiener Juden, die sgn. Wiener Gesera 1420 / 1421 n. Chr.

Rabbi Jona: Rabbiner der jüdischen Gemeinde Wien zur Zeit der Wiener Gesera

11. Einzug in Wien

Albrecht VI.: 1418 n. Chr. – 1463 n. Chr., aus dem Haus Habsburg. Ab 1453 n. Chr. Erzherzog von Österreich, ab 1458 n. Chr. Herrscher von Österreich ob der Enns, ab 1462 n. Chr. auch von Österreich unter der Enns.

Friedrich III.: siehe 9. Ein Bündel Dokumente

Maximilian I.: 1459 n. Chr. – 1519 n. Chr., aus dem Haus Habsburg. Sohn Friedrichs III., ab 1477 n. Chr. Herzog von

Burgund, ab 1486 n. Chr. römisch-deutscher König, ab 1493 n. Chr. Herr der Habsburgischen Erblande (Niederösterreich, Innerösterreich mit Steiermark, Kärnten, Krain, Görz, Oberösterreich mit Tirol und Vorarlberg, Vorderösterreich) und ab 1508 n. Chr. römisch-deutscher Kaiser. Bedeutender Herrscher an der Wende vom Mittelalter zur Neuzeit.

Matthias Corvinus: 1443 n. Chr. – 1490 n. Chr., aus dem Haus Hunyadi. Ab 1458 n. Chr. König von Ungarn und Kroatien, ab 1469 n. Chr. König von Böhmen. 1477 n. Chr. Kriegserklärung an Kaiser Friedrich III., Besetzung weiter Teile der Habsburgischen Erblande inklusive Wiens, von wo aus er bis zu seinem Tod herrschte.

Maria von Burgund: 1457 n. Chr. – 1482 n. Chr., aus dem Haus Burgund. Ab 1477 n. Chr. regierende Herzogin von Burgund, im selben Jahr Heirat mit Maximilian I.


## 12. Tu felix austria nube

Maximilian I.: siehe 11. Einzug in Wien

Philipp I. von Kastilien, der Schöne: 1478 n. Chr. – 1506 n. Chr., aus dem Haus Habsburg. Sohn Maximilians I., durch Eheschließung mit Johanna von Kastilien im Jahr 1504 n. Chr. König von Kastilien und León. Begründer des spanischen Zweigs der Habsburger, der Casa d' Austria.

Johanna I. von Kastilien, die Wahnsinnige: 1479 n. Chr. - 1555 n. Chr., aus dem Haus Trastámara. Ab 1504 n. Chr. Königin von Kastilien und ab 1516 n. Chr. Königin der Reiche der

Krone von Aragon (Aragon, Valencia, Katalonien, Barcelona, Cerdanya, Mallorca, Provence, Roussillon, Montpellier, Sardinien, Korsika, Sizilien, Neapel, Athen und Neopatria). Ehefrau Philipps des Schönen. Ob sie wirklich geisteskrank war oder ob ihre männlichen Verwandten sie unter diesem Vorwand von der Herrschaft ausschließen wollten, ist umstritten.

Vladislav II. von Böhmen und Ungarn: 1456 n. Chr. – 1516 n. Chr., aus dem Haus Jagiello. Ab 1471 n. Chr. König von Böhmen und ab 1490 n. Chr. zudem König von Ungarn und Kroatien.

Ludwig II. von Böhmen, Ungarn und Kroatien: 1506 n. Chr. – 1526 n. Chr., aus dem Haus Jagiello. Sohn Vladislavs II., bei der Wiener Doppelhochzeit 1515 n. Chr. mit Maria von Ungarn, der Enkeltochter Maximilians I. verheiratet. Ab 1522 n. Chr. König, ertrank er auf der Flucht vor den Osmanen nach der Schlacht von Mohács im Flüsschen Csele-patak. Seine Herrschaftsgebiete gingen nach einigen Streitigkeiten an Habsburg.

Maria von Ungarn: 1505 n. Chr. – 1558 n. Chr., aus dem Haus Habsburg. Enkeltochter Maximilians I., bei der Wiener Doppelhochzeit 1515 n. Chr. mit Ludwig II. von Böhmen, Ungarn und Kroatien verheiratet. Nach dessen Tod ab 1531 n. Chr. Statthalterin der Spanischen Niederlande.

Anna von Böhmen und Ungarn: 1503 n. Chr. – 1547 n. Chr., aus dem Haus Jagiello. Schwester Ludwigs II. von Böhmen, Ungarn und Kroatien, bei der Wiener Doppelhochzeit 1515 n. Chr. mit Ferdinand I. verheiratet. Nach dem Tod ihres Bruders

Erbin von Böhmen, Ungarn und Kroatien, die damit auf Habsburg übergehen.

Ferdinand I.: 1503 n. Chr. – 1564 n. Chr., aus dem Haus Habsburg. Ab 1521 n. Chr. Erzherzog von Österreich und Herrscher der habsburgischen Erblande, ab 1526 n. Chr. über die Ansprüche seiner Frau Anna König von Böhmen, Kroatien und Ungarn. Ab 1558 n. Chr. Kaiser des Heiligen Römischen Reiches.

Karl V.: 1500 n. Chr. – 1558 n. Chr., aus dem Haus Habsburg. Ab 1506 n. Chr. Landesherr der Burgundischen Niederlande, ab 1519 n. Chr. römisch-deutscher König. 1530 n. Chr. zum Kaiser des Heiligen Römischen Reiches gekrönt. Rücktritt von allen politischen Ämtern 1556 n. Chr.

Jakob Fugger von der Lilie: 1459 n. Chr.– 1512 n. Chr. Bedeutendster Bankier seiner Zeit, 1514 n. Chr. geadelt. Finanzierte die Aktivitäten des Hauses Habsburg unter Maximilian I. und Karl V.


13. Brief eines rheinischen Landsknechts

Süleyman I., der Prächtige: 1494 n. Chr. – 1566 n. Chr. Ab 1520 Sultan des Osmanischen Reiches. Unter ihm erreichte das Osmanische Reich seine größte Ausdehnung inklusive weiter Teile Ungarns. Seine Belagerung Wiens 1529 n. Chr. scheiterte vornehmlich an logistischen Unzulänglichkeiten.

Johann Zápolya: 1487 n. Chr. – 1540 n. Chr. Ab 1511 Woiwode von Siebenbürgen, ab 1526 n. Chr. von den Ständen gewählter König von Ungarn und Kroatien, in Opposition zu den ererbten Ansprüchen Ferdinands I. (siehe 12. Tu felix austria nube) Konnte diese Position bis zu seinem Tod halten.

Philipp von Pfalz-Neuburg: 1503 n. Chr. – 1548 n. Chr. Ab 1522 n. Chr. Herzog von Pfalz-Neuburg. Befehligte während der ersten osmanischen Belagerung zwei kaiserliche Regimenter und hatte wesentlichen Anteil an der erfolgreichen Verteidigung der Stadt.

Niklas Graf Salm: 1459 n. Chr. – 1530 n. Chr. Feldherr in kaiserlichen Diensten, Befehlshaber der Verteidigung Wiens während der ersten osmanischen Belagerung. Starb im Folgejahr an einer dabei erlittenen Verletzung.

Wilhelm von Rogendorf: 1481 n. Chr. – 1541 n. Chr. Schwager des Niklas Graf Salm, Kommandant der schweren Kavallerie während der ersten osmanischen Belagerung.

Griet: rheinische Kurzform des Namens Margarete.


14. Soliman erobert Wien

Christoph Kolumbus: 1451 n. Chr. – 1506 n. Chr. Italienischer Seefahrer im spanischen Dienst. 1492 n. Chr. erreichte er als erster Entdecker der Neuzeit Amerika.

Martin Luther: 1483 n. Chr. – 1546 n. Chr. Bedeutender Kirchenreformator. Auf Grundlage seiner Schriften kam es zur Aufspaltung der Kirche in einen evangelischen und einen katholischen Zweig.

Heinrich Isaac: um 1450 n. Chr. – 1517 n. Chr. Flämischer Komponist im Umkreis der Habsburger, früher Meister des Liedes, Schöpfer von „Innsbruck, ich muss dich lassen".

John Dowland: 1563 n. Chr. – 1626 n. Chr. Englischer Komponist, schrieb hauptsächlich Lauten-Lieder.

Hans Leo Haßler von Roseneck: 1564 n. Chr. – 1612 n. Chr. Deutscher Komponist von volkstümlichen Madrigalen.

Fugger: schwäbisches Kaufmanns- und Bankiersgeschlecht von Weltgeltung, höchste Blüte im 16. und 17. Jahrhundert.

Welser: Augsburger bzw. Nürnberger Kaufmanns- und Bankiersgeschlecht im 16. Jahrhundert, bekannt durch Aktivitäten in der Neuen Welt.

Maximilian II.: 1527 n. Chr. – 1576 n. Chr., aus dem Haus Habsburg. Sohn Ferdinands I. (siehe 12. Tu felix Austria nube), als solcher ab 1562 n. Chr. König von Böhmen, ab 1563 n. Chr. König von Ungarn und Kroatien, ab 1564 n. Chr. Erzherzog von Österreich und Kaiser des Heiligen Römischen Reichs. Auf dem Rückweg von einem Aufenthalt in Spanien brachte er 1552 n. Chr. den Elefanten Soliman als erstes Exemplar seiner Gattung nach Wien, das ihm einen triumphalen Empfang bereitete.

Karli: wienerische Koseform des Namens Karl.

Beppi: wienerische Kurzform des Namens Joseph.

Wolfgang Lazius: 1514 n. Chr. – 1564 n. Chr., Humanist, Professor der Medizin, Leibarzt Kaiser Ferdinands I. Autor der ersten gedruckten Stadtgeschichte Wiens.

15. Die Sage von der Güldenen Sonne zu Wien

Rudolf II.: 1552 n. Chr. – 1612 n. Chr., aus dem Haus Habsburg. Sohn Maximilians II. 1572 n. Chr. – 1608 n. Chr. König von Ungarn, 1575 n. Chr. – 1611 n. Chr. König von Böhmen, 1676 n. Chr. – 1608 n. Chr. Erzherzog von Österreich, 1676 n. Chr. – 1612 n. Chr. Kaiser des Heiligen Römischen Reichs. Verlegte seinen Regierungssitz nach Prag, was in Wien dazu führte, dass die Gegenreformation ungehindert walten konnte. Rudolf war ein großer Förderer von Kunst und Wissenschaft, geistig aber labil, was dazu führte, dass seine Brüder ihm nach und nach alle Titel abnahmen. Dieser „Bruderzwist in Habsburg" lieferte Franz Grillparzer (1791 n. Chr.–1872 n. Chr.) den Stoff für sein gleichnamiges Trauerspiel von 1872 n. Chr.


16. Kaiserin und Kapuziner

Matthias: 1557 n. Chr. – 1619 n. Chr., aus dem Haus Habsburg. Ab 1594 n. Chr. Statthalter von Österreich, treibende Kraft im innerfamiliären Zwist gegen seinen Bruder Rudolf II. Übernahm ab 1611 die Herrschaft in Böhmen, nach Rudolfs Tod ab 1612 n. Chr. auch die Kaiserwürde. Während seiner Herrschaft spitzten sich die konfessionellen Konflikte vor allem in Böhmen zu, 1618 n. Chr. begann mit dem Prager Fenstersturz der 30-jährige Krieg.

Anna von Österreich-Tirol: 1585 n. Chr. – 1618 n. Chr., aus dem Haus Habsburg, Cousine und ab 1611 n. Chr. Ehefrau von Kaiser Matthias. Fanatische Katholikin, in der geistlichen

Schatzkammer der Hofburg kann u. a. eine ihr gehörende Geißel zur Selbstzüchtigung besichtigt werden. Verfügte testamentarisch die Errichtung des Kapuzinerklosters nebst zugehöriger Gruft.


## 17. Der Schwed' kommt

Lennart Torstensson: 1603 n. Chr. – 1651 n. Chr. Schwedischer Feldherr während des 30-jährigen Krieges, große Erfolge auf protestantischer Seite. Verwüstete 1645 n. Chr. auf dem Weg nach Wien Niederösterreich, konnte die Stadt aber letztendlich nicht einnehmen.


## 18. Il Pomo d'Oro

Ludwig XIV.: 1638 n. Chr. – 1715 n. Chr., aus dem Haus Bourbon. Ab 1643 n. Chr. König von Frankreich. Seine absolutistische Herrschaftsweise und sein barocker Lebensstil wurden prägend für die Epoche. Auch in Österreich, obwohl sich beide Länder zumeist im Krieg gegeneinander befanden.

Lodovico Burnacini: 1636 n. Chr. – 1707 n. Chr. Architekt und Theateringenieur im Dienst des Wiener Hofes. Baute unter anderem das Theater auf der Kurtine auf dem Gelände der heutigen Nationalbibliothek und entwickelte das Konzept für die Dreifaltigkeitssäule auf dem Graben.

Antonio Cesti: 1623 n. Chr. - 1669 n. Chr. Italienischer Komponist, 1652 - 1657 n. Chr. Kammerkapellmeister in Innsbruck,

1665 n. Chr. - 1667 n. Chr. Kapellmeister am Hof Kaiser Leopolds I. in Wien.

Leopold I.: 1640 n. Chr. – 1705 n. Chr., aus dem Haus Habsburg. Ab 1655 n. Chr. römisch-deutscher König und König von Ungarn, ab König von Böhmen, ab 1657 n. Chr. von Kroatien und Slawonien. Ab 1658 n. Chr. Kaiser des Heiligen Römischen Reiches. Bedeutendster Herrscher des österreichischen Barock. In seine Herrschaft fallen für Wien bedeutende historische Ereignisse wie die zweite osmanische Belagerung 1683 n. Chr. und die Pestepidemie 1678 / 79 n. Chr.

Margarita Theresa von Spanien: 1651 n. Chr. – 1673 n. Chr., aus der Casa d'Austria. Nichte und Cousine ihres späteren Gemahls Leopold I. Obsessiv katholisch, verantwortete sie die erneute Vertreibung der Juden aus Wien. Bekannt ihr Porträt „Las Meninas" im Prado und die beiden Porträts als Infantin im Kunsthistorischen Museum, alle von Diego Velázquez (1599 n. Chr. – 1660 n. Chr.).


19. Die da falsch Zeugnis reden

Emerich Sinelli: 1622 n. Chr. – 1665 n. Chr. Geistlicher Ratgeber Leopolds I., ab 1680 n. Chr. Fürstbischof von Wien. Betrieb zusammen mit Kaiserin Margarita Theresa 1670 n. Chr. die Vertreibung der Juden aus Wien.

Abraham a Sancta Clara: 1644 n. Chr. – 1709 n. Chr. Antisemitischer und anti-protestantischer Hetzprediger aus dem Augustinerorden.

20. Der neunte Engel

Johann Frühwirth: 1640 n. Chr. – 1701 n. Chr. Barocker Bildhauer zur Zeit Kaiser Leopolds I. Schuf 1679 n. Chr. die erste, provisorische Dreifaltigkeitssäule auf dem Graben sowie einige Figuren und Reliefs der Endfassung.

Matthias Rauchmiller: 1646 n. Chr. – 1685 n. Chr. Bildhauer, Maler und Architekt, Bildhauer der Dreifaltigkeitssäule auf dem Graben. Verstarb über der Arbeit, so dass andere Bildhauer, darunter Frühwirth, die Skulpturen der Säule vollendeten.

Lodovico Burnacini: siehe 18. Il Pomo d'Oro


21. Im Mahlstrom

Kara Mustapha: 1634 n. Chr. – 1683 n. Chr. Ab 1676 n. Chr. Großwesir unter Sultan Mehmed IV. (1642 – 1692 n. Chr.) Oberbefehlshaber der osmanischen Armee bei der zweiten Belagerung Wiens 1683 n. Chr. Nach Scheitern der Belagerung auf Anordnung des Sultans erdrosselt.

Ernst Rüdiger von Starhemberg: 1638 n. Chr. – 1701 n. Chr. Militär in kaiserlichem Dienst, ab 1680 Wiener Stadtkommandant und Oberst der Stadtguardia. Verteidigte Wien während der zweiten osmanischen Belagerung 1683 n. Chr. gegen eine erdrückende Übermacht.

Johann III.: 1629 n. Chr. – 1696 n. Chr., aus dem Haus Sobieski. Ab 1674 n. Chr. König von Polen und Großfürst von Litauen. Leitete als Oberbefehlshaber der Katholischen Liga den Angriff zum Entsatz Wiens am 12.09.1683 n. Chr., die Schlacht am Kahlenberg. Die von ihm befehligten Flügelhusaren sind bis heute Sinnbild der Befreiung.

Karl V. Leopold: 1643 n. Chr. – 1690 n. Chr., aus dem Haus Lothringen. Ab 1675 n. Chr. Herzog von Lothringen und Bar. Nachdem er ursprünglich Geistlicher hatte werden sollen, wechselte er 1659 n. Chr. in den militärischen Dienst. In der Schlacht am Kahlenberg befehligte er die zweite Angriffsfront.

Maximilian II. Emanuel: 1662 n. Chr. – 1728 n. Chr., aus dem Haus Wittelsbach. Ab 1679 n. Chr. Kurfürst von Bayern, beteiligte sich mit einem Kontingent von 11.000 Mann auf kaiserlicher Seite an der Schlacht am Kahlenberg. Wechselte im Spanischen Erbfolgekrieg 1701 n. Chr. – 1714 n. Chr. ins Lager Ludwigs XIV., weshalb 1706 n. Chr. - 1714 n. Chr. die Reichsacht über ihn verhängt wurde.

Georg Friedrich Fürst zu Waldeck: 1620 n. Chr. – 1692 n. Chr. Befehligte in der Schlacht am Kahlenberg die bayerischen, fränkischen und oberhessischen Kreistruppen.

Julius Franz: 1641 n. Chr. – 1689 n. Chr., aus dem Haus der Askanier. Ab 1666 n. Chr. Herzog von Sachsen-Lauenburg, nahm mit seinem Regiment, den Sachsen-Lauenburg-Cürassieren, auf kaiserlicher Seite an der Schlacht am Kahlenberg teil.

## 22. Vom Duft des Glücks

Johannes Deodat: Um 1640 n. Chr. – 1725 n. Chr. Leistete während des Kriegs mit dem Osmanischen Reich Kurierdienste für den Hof und erhielt zum Dank dafür das kaiserliche Privileg, für zwanzig Jahre als Einziger in Wien ein Kaffeehaus führen zu dürfen. Eröffnete in der heutigen Rotenturmstraße 14 anno 1685 n. Chr. das erste Wiener Kaffeehaus.


## 23. Marmor und Dreck

Eugen Franz, Prinz von Savoyen-Carignan: 1663 n. Chr. – 1736 n. Chr., bekannt als Prinz Eugen. Österreichischer Feldherr italienisch-französischer Abstammung. Zwischen 1697 n. Chr. – 1699 n. Chr. Oberbefehlshaber im Großen Türkenkrieg, Sieger der entscheidenden Schlacht bei Zenta. 1717 n. Chr. Rückeroberung Belgrads von den Osmanen. Ab 1704 n. Chr. Hofkriegsratspräsident. Errichtete in Wien mit dem Winterpalais in der Himmelpfortgasse 8 und dem Unteren und Oberen Belvedere am Rennweg zwei der international repräsentativsten Gebäudeensembles des Barocks.

Ludwig Wilhelm von Baden: 1655 n. Chr. – 1707 n. Chr., genannt Türkenlouis. Ab 1677 n. Chr. Markgraf von Baden-Baden, ab 1691 n. Chr. Generalleutnant aller kaiserlichen Truppen. Cousin und maßgeblicher Förderer des Prinzen Eugen.

Johann Bernhard Fischer von Erlach: 1656 n. Chr. – 1723 n. Chr. Bedeutender Baumeister des Hochbarocks. Wichtige Bauwerke in Wien: Winterpalais Prinz Eugen, Palais Schönborn-

Batthyány, Böhmische Hofkanzlei, Palais Trautson, Karlskirche, Hofstallungen, Hofbibiliothek.

Joseph Emanuel Fischer von Erlach: 1693 n. Chr. – 1742 n. Chr. , Baumeister des Rokoko, Sohn von Johann Bernhard Fischer von Erlach. Wichtige Bauwerke in Wien: Reichskanzleitrakt der Hofburg, Winterreitschule, Palais Lobkowitz, Vermählungsbrunnen.

Johann Lucas von Hildebrandt: 1668 n. Chr. – 1745 n. Chr. Neben Fischer von Erlach bedeutendster Baumeister des österreichischen Barocks. Wichtige Bauwerke in Wien: Fertigstellung des Winterpalais Prinz Eugen, Palais Schwarzenberg, Peterskirche, Unteres und Oberes Belvedere, Piaristenkirche Maria Treu, Geheime Hofkanzlei (Kanzleramt).

Ferdinand Karl Graf und Herr von Weltz: 1663 n. Chr. – 1711 n. Chr. Ab 1897 n. Chr. Vizestatthalter des Niederösterreichischen Regiments und Mitglied des Geheimen Rats.

Gundaker Thomas Graf Starhemberg: 1663 n. Chr. – 1743 n. Chr. Halbbruder von Ernst Rüdiger von Starhemberg (siehe 21. Im Mahlstrom), Finanzfachmann, ab 1703 n. Chr. Leiter der Hofkammer für Finanzen.

Maximilian Ludwig Graf Breuner: 1643 n. Chr. – 1716 n. Chr. Feldmarschall und Generalkriegskommisar.


24. Ein Name

Joseph I.: 1678 n. Chr. – 1711 n. Chr., aus dem Haus Habsburg. Ab 1690 n. Chr. römisch-deutscher König, ab 1705 n. Chr.

Kaiser des Heiligen Römischen Reiches und König von Böhmen, Ungarn und Kroatien. Sohn Leopolds I. (siehe 18. Il Pomo d' Oro) und älterer Bruder Karls VI. Bei seinem frühen Tod hinterließ er keinen Sohn, sondern zwei Töchter, die nach damaliger Rechtslage nicht zur Übernahme der Herrschaft berechtigt gewesen wären.

Karl VI.: 1685 n. Chr. – 1740 n. Chr., aus dem Haus Habsburg. Bruder und Nachfolger Josephs I., ab 1711 Kaiser des Heiligen Römischen Reiches, König von Böhmen, König von Ungarn, Kroatien und Slawonien und Herrscher der habsburgischen Erblande. Zentrales Thema seiner Herrschaft nach 1713 n. Chr. war die internationale Anerkennung der von ihm verfassten Pragmatischen Sanktion, die die Unteilbarkeit der habsburgischen Länder und die weibliche Thronfolge für den Fall, dass kein männlicher Erbe vorhanden war, festschrieb. Nach dem Tod eines ersten Sohnes noch im Kleinkind-Alter trat genau dieser Fall ein, mit Maria Theresia trat die erste Frau in der Habsburgerdynastie seine Nachfolge an.

Elisabeth Christine von Braunschweig-Wolfenbüttel: 1691 n. Chr. – 1750 n. Chr., aus dem Haus der Welfen. Seit 1708 n. Chr. Ehefrau Karls VI., Mutter Maria Theresias.

# Literaturverzeichnis (Auswahl)


1. Bücher

A Short History of Coffee, Gordon Kerr, Oldcastle Books, Harpenden 2021, ISBN 978-0-85730-433-9

Annales Ferdinandei Neunter Teil, Franz Christoph Schevenhiller, Verlag M. G. Weidmann, Leipzig 1724

Auf den Spuren der Babenberger, Stefan Spevak, Gabriele Stöger-Spevak, NÖ Institut für Landeskunde (Hrsg.), St. Pölten 2020, ISBN 978-3-901635-66-3

Das Sagenbuch zum Stephansdom, Barbara Schinko, Leonora Leitl, Tyrolia-Verlag, Insbruck & Wien 2017, ISBN 978-3-7022-3644-1

Der Dreißigjährige Krieg, Christian Pantle, Ullstein Verlag, Berlin 2020, ISBN 978-3-548-06058-3

Der Dreißigjährige Krieg, Ricarda Huch, Anaconda Verlag, Köln 2019, ISBN 978-3-7308-0792-3

Der Schwedenfeldzug nach Niederösterreich 1645 / 46, Peter Broucek, Österreichischer Bundesverlag, Wien 1989, ISBN 3-215-01654-0

Der Wiener Linienwall, Ingrid Mader, Ingeborg Gaisbauer, Werner Chmelar, Museen der Stadt Wien – Stadtarchäologie (Hrsg.), Phoibos Verlag, Wien 2017, ISBN 978-3-85161-064-2

Der Wiener Stephansdom, Reinhard H. Gruber, Tyrolia-Verlag, Insbruck & Wien 2011, ISBN 978-3-7022-3141-5

Die großen Herrscher des Hauses Habsburg, Friedrich Weissensteiner, Piper Verlag, München 2007, ISBN 978-3-492-24914-0

Die Habsburger, Andreas Hansert, Michael Imhof Verlag, Petersberg 2009, ISBN 978-3-86568-158-4

Die Kaiser der Neuzeit 1519 – 1918, Anton Schindler / Walter Ziegler (Hrsg.), Verlag C. H. Beck, München 1990, ISBN 3-406-34395-3

Die Kaisergruft bei den PP Kapuzinern zu Wien, Gigi Beutler, Verlag Beutler-Heldenstern, Wien 2001, ISBN 978-3-950-05843-7

Die Kaiser des Heiligen Römischen Reiches, Gerhard Hartmann, marixverlag, Wiesbaden 2016, ISBN 798-3-86539-038-0

Die kranken Habsburger, Hans Bankl, Verlag Kremayr & Scheriau, Wien 1998, ISBN 978-3-218-01250-8

Die Pest in Wien, Hilde Schmölzer, Haymon Taschenbuch, Innsbruck & Wien 2015, ISBN 978-3-85218-976-5

Die Türken vor Wien 1683, Otfried Mylius, Philipp Reclam jun., Leipzig 1870

Die Wiener Hofburg 1521 – 1705, Österreichische Akademie der Wissenschaften (Hrsg.), Verlag der österreichischen

Akademie der Wissenschaften, Wien 2014, ISBN 978-3-7001-7657-2

Entlang des Rennwegs – die römische Zivilsiedlung von Vindobona, Michaela Müller, Ingrid Mader, Rita Chinelli, Sabine Jäger-Wersonig, Sylvia Sackl-Oberthaler, Ursula Eisenmenger, Sigrid Czeika, Constance Litschauer, Christoph Öller, Eleni Eleftheriadou, Museen der Stadt Wien – Stadtarchäologie (Hrsg.), Phoibos Verlag, Wien 2011, ISBN 978-3-85161-057-4

Erdbeben als historisches Ereignis, Rolf Gutdeutsch, Christa Hammerl, Ingeborg Mayer, Karl Vocelka, Springer-Verlag, Berlin, Heidelberg & New York 1987, ISBN 3-540-18048-6

Erzählen vom Dreißigjährigen Krieg, Dirk Werle, Wehrhahn Verlag, Straßburg 2020, ISBN 978-3-86525-780-2

Friedrich III. und Matthias Corvinus, Karl Gutkas, Niederösterreichisches Pressehaus, St. Pölten 1982, ISBN 978-3-853-26549-9

Geister und Gestalten aus dem alten Wien, Dr. Märzroth, Verlag von August Prandel, Wien 1868

Hochzeit - Krönung - Tod, Katharina Kirchmayer, Verlag Dr. Müller, Saarbrücken 2009, ISBN 978-3-639-18416-7

Kaffee – Geschichte eines Genussmittels, Martin Krieger, Böhlau Verlag, Köln, Weimar & Wien 2011, ISBN 978-3-412-20786-1

Kaffee-Gerät, Gudrun Hempel, Österreichisches Museum für Volkskunde (Hrsg.), Wien 1993, ISBN 3-900359-57-1

Kaiser Matthias, Bernd Rill, Verlag Styria Graz, Wien & Köln 1999, ISBN 3-222-124456-9

Kaisers Rumpelkammer, Simon Winder (Klaus Binder, Bernd Leineweber, Nele Quegwer Übers.) Rowohlt Taschenbuch Verlag, Reinbek 2016, ISBN 978-3-499-62847-4

Kara Mustafa vor Wien, Richard F. Kreutel, Deutscher Taschenbuch Verlag, München 1976, ISBN 3-423-00450-9

Maria Theresia – die Macht der Frau, Élisabeth Badinter, btb Verlag, München 2018, ISBN 978-3-442-71734-7

Maximilian I., Sigrid-Maria Größing, Amalthea Verlag, Wien 2002, ISBN 978-3-902998-72-9

Mercks Wienn, Abraham a Sancta Clara, Universitätsbuchdruckerei Peter Paul Vivian, Wien 1680

Musik der Habsburger, Camillo Schaefer, neobooks.com, Berlin 2017, ISBN 978-3-7427-6647-2

Prinz Eugen – Heros und Neurose, Konrad Kramar, Georg Mayrhofer, Residenz Verlag, St. Pölten, Salzburg & Wien 2013, ISBN 978-3-7017-4337-7

Schwarzbuch der Habsburger, Hannes Leidinger, Verena Moritz, Berndt Schippler, Haymon-Taschenbuch, Innsbruck & Wien 2010, ISBN 978-3-85218-822-5

Selbstbetrachtungen, Marc Aurel (Gernot Krapinger Übers.) Reclams Universal-Bibliothek, Band 19641, Stuttgart 2019, ISBN 978-3-15-019641-0

Spettacolo barocco!, Andrea Sommer-Mathis, Daniela Franke, Rudi Risatti (Hrsg.), KHM-Museumsverband Theatermuseum Wien, Michael Imhof Verlag, Petersberg 2916, ISBN 978-3-7319-0347-5

Türkische Sagen und Legenden um die Kaiserstadt Wien, Karl Teply, Verlag Böhlau, Graz 1980 ISBN 3-205-07141-7

Vindobona, Michaela Kronberger (Hrsg.), Wien Museum / Römermuseum, Wien 2018, ISBN 978-3-902312-18-1

Vom Kaffee und dem Kaffeehaus, Christopher Hanek, GRIN Verlag, München & Ravensburg 2017, ISBN 978-3-668-77723-1

Wien anno 1683, Johannes Sachslehner, Pichler Verlag, Wien, Graz & Klagenfurt, 2004 / 2011, ISBN 978-3-85431-694-7

Wien, Geschichte einer Stadt Band 2, Peter Csendes, Ferdinand Opll (Hrsg.), Böhlau Verlag, Wien, Köln & Weimar 2003, ISBN 3-205-99267-9

Wien im Spätmittelalter, Hubert Hinterschweiger, Pichler Verlag, Wien, Graz & Klagenfurt, 2010 / 2014, ISBN 978-3-85431-677-0

## 2. Kataloge, Periodika und Artikel

Der osmanisch-habsburgische Gegensatz im Lichte islamisch-osmanischer und christlich-westlicher

Kartographie, Ferdinand Opll, in: Verein für Geschichte der Stadt Wien (Hrsg.), Studien zur Wiener Geschichte Jahrbuch 2020

Die Doppelhochzeit von 1515 im Kontext der jagiellonisch-habsburgischen Beziehungen, Andreas Röder, GRIN Verlag, München & Ravensburg 2012

Die Schweden vor Wien 1645, Hans Kloser-Homma, Bezirksmuseum Brigittenau, Wien 2005

Die Skelette aus der Kirche von Asparn an der Zaya, Johann Jungwirth, Hans Kern, Gerhard Lampl, Ann. Naturhistor. Mus. Wien, Wien 1973

Ferdinand der Erste 1503 – 1564, Margit Altfahrt, in: Wiener Geschichtsblätter, Beiheft 1/ 2003

Kaiserliche und k.k. Generale (1618-1815), Antonio Schmidt-Brentano, Österreichisches Staatsarchiv/ A. Schmidt-Brentano, Wien 2006

Regensburger Kaufleute – der Jahrmarkt in Enns und die Anfänge des Wiener Handels um 1200, Klaus Lohrmann, in: Österreichischer Arbeitskreis für Stadtgeschichtsforschung (Hrsg.), Pro Civitate Austria 2021/ 26

Wien im Mittelalter, Ferdinand Opll, Christoph Sonnlechner, in: Wiener Geschichtsblätter, Beiheft 1/ 2008

3. Web / allgemeine Ressourcen

https://www.archivinformationssystem.at

https://www.bezirksmuseum.at

https://davidkultur.at


https://www.vienna-city-guide.at

https://www.geschichtewiki.wien.gv.at/Wien_Geschichte_Wiki

https://de.wikipedia.org